Los Vándalos

Una Fascinante Guía de los Bárbaros que Conquistaron el Imperio Romano Durante el Período de Transición de la Antigüedad Tardía a la Alta Edad Media

© Copyright 2020

Todos los derechos reservados. Ninguna parte de este libro puede ser reproducida de ninguna forma sin el permiso escrito del autor. Los revisores pueden citar breves pasajes en las reseñas.

Descargo de responsabilidad: Ninguna parte de esta publicación puede ser reproducida o transmitida de ninguna forma o por ningún medio, mecánico o electrónico, incluyendo fotocopias o grabaciones, o por ningún sistema de almacenamiento y recuperación de información, o transmitida por correo electrónico sin permiso escrito del editor.

Si bien se ha hecho todo lo posible por verificar la información proporcionada en esta publicación, ni el autor ni el editor asumen responsabilidad alguna por los errores, omisiones o interpretaciones contrarias al tema aquí tratado.

Este libro es solo para fines de entretenimiento. Las opiniones expresadas son únicamente las del autor y no deben tomarse como instrucciones u órdenes de expertos. El lector es responsable de sus propias acciones.

La adhesión a todas las leyes y regulaciones aplicables, incluyendo las leyes internacionales, federales, estatales y locales que rigen la concesión de licencias profesionales, las prácticas comerciales, la publicidad y todos los demás aspectos de la realización de negocios en los EE. UU., Canadá, Reino Unido o cualquier otra jurisdicción es responsabilidad exclusiva del comprador o del lector.

Ni el autor ni el editor asumen responsabilidad alguna en nombre del comprador o lector de estos materiales. Cualquier desaire percibido de cualquier individuo u organización es puramente involuntario.

Índice

INTRODUCCIÓN 1
CAPÍTULO 1 - ORÍGENES DE LOS VÁNDALOS...3
CAPÍTULO 2 - DEL DANUBIO A ÁFRICA..11
CAPÍTULO 3 - ASCENSO DEL REINO VÁNDALO 21
CAPÍTULO 4 - CAÍDA DE LOS VÁNDALOS 33
CAPÍTULO 5 - SOCIEDAD VÁNDALA..43
CAPÍTULO 6 - RELIGIÓN, CULTURA Y LOS VÁNDALOS 52
CONCLUSIÓN...60
VEA MÁS LIBROS ESCRITOS POR CAPTIVATING HISTORY 62
BIBLIOGRAFÍA..63

Introducción

En el mundo moderno, cuando uno imagina un vándalo, a menudo imagina un joven con la cara cubierta pintando un grafiti en la pared de un edificio público. Y el acto de desfiguración, destrucción o daño deliberado a la propiedad pública o privada se conoce como vandalismo. Esta idea se convirtió en una parte integral de la cultura mundial con la mayoría de la gente usándola sin saber que esta palabra está ligada a una antigua tribu germánica llamada los vándalos. El pequeño número de personas que son conscientes de este vínculo a menudo imaginan a estos vándalos como verdaderos bárbaros que saqueaban y quemaban, mataban y destruían. Eran la antítesis de la vida civilizada y culta. Esa imagen ha sido grabada en nuestra conciencia colectiva por siglos de propaganda histórica. Esto fue posible porque los vándalos no nos dejaron ninguna historia escrita por ellos mismos. Así, la mayoría de las fuentes antiguas sobre su pasado fueron escritas por sus enemigos y adversarios, quienes no los miraban con buenos ojos. Esto es especialmente cierto para los historiadores, que idealizaron posteriormente la antigua Roma y culparon a los vándalos por su caída. Pero la pregunta es, ¿cuánto de esto es verdad?

Este libro tiene como objetivo responder a esa pregunta. ¿Los vándalos eran realmente tan salvajes, y eran peores que cualquier otra tribu en Europa en ese momento? Este libro también presentará la sociedad y la cultura de esta tribu en un intento no solo de arrojar luz sobre su reputación histórica, sino también de dar a conocer el lado de la historia de estos estereotipos infames. En esencia, esta guía tratará de dar voz a los silenciados vándalos. Con suerte, al final de la misma, usted se irá con su propia imagen de quiénes fueron esos bárbaros e intrigado por aprender más, no solo sobre ellos sino sobre la historia en general, ya que esta nos puede enseñar mucho sobre el mundo en el que vivimos actualmente.

Capítulo 1 – Orígenes de los Vándalos

Como la mayoría de las tribus antiguas, especialmente las que no dejaron ninguna de sus propias historias, las raíces de los vándalos están envueltas en las nieblas del pasado. De acuerdo con algunas historias antiguas, sus orígenes podrían ser rastreados hasta lo que hoy es el sur de Suecia. Desde allí, emigraron junto con los godos, que eran otra tribu germánica, a la Europa continental, más precisamente a una región que ahora se conoce como Silesia en la Polonia moderna, alrededor del río Óder. Los historiadores modernos fechan el final de esta temprana migración a finales del siglo II y principios del I a. C. Una vez asentados allí, pasaron a formar parte de la cultura Przeworsk, la cual tiene orígenes en el centro y en el sur de Polonia. Esta cultura recibió el nombre del pueblo donde se encontraron sus primeros artefactos. En el pasado, los arqueólogos discutían sobre esta cultura, vinculándola con los vándalos y otras tribus germánicas primitivas o con los primeros eslavos. Hoy en día, se considera que esta cultura era en realidad una mezcla de tribus eslavas y germánicas que vivían en esta área.

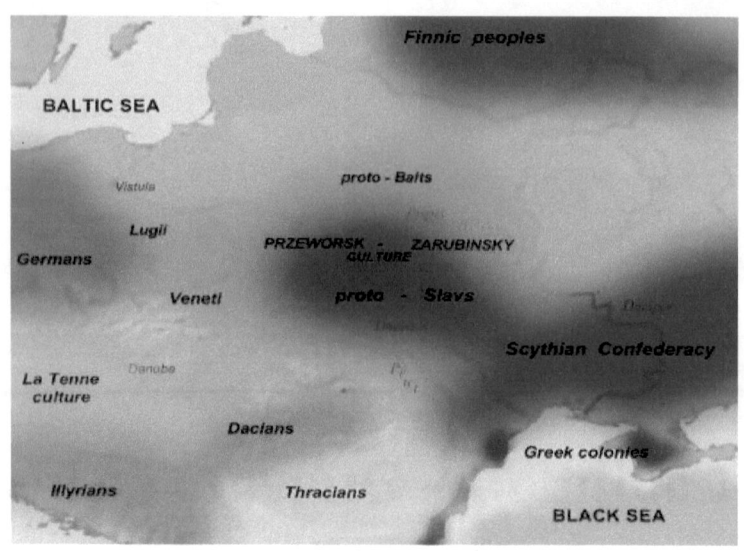

Mapa del área aproximada de la cultura Przeworsk.
Fuente: https://commons.wikimedia.org

Los primeros registros históricos de los vándalos fueron escritos por historiadores y geógrafos romanos en el siglo I d. C. Normalmente, esto ayudaría a aclarar ciertos aspectos del pasado de los vándalos, pero los romanos eran bastante imprecisos en lo que se refiere a esta tribu. Algunos de ellos informan que la gente que llaman *vandilii* vivía alrededor del río Óder. Y en esas fuentes, mencionan a los vándalos como un término más amplio que abarca varias tribus que vivían en esa región. Otros escritores romanos los mencionan de una manera que está más precisamente conectada a una sola tribu. También hay informes de una tribu germánica llamada *lugii* que vivía en la misma zona entre los ríos Óder y Vístula. Los historiadores modernos tienden a relacionarlos con los vándalos, identificándolos como el mismo pueblo con un nombre diferente. Esto solo aumenta la confusión en el intento de mapear la historia más antigua de los vándalos. A esto se añade el hecho de que en las primeras historias antiguas es difícil distinguir las tribus reales de las alianzas tribales; además, la identidad nacional no estaba tan firmemente estructurada como en los tiempos modernos, lo que facilitaba mucho las integraciones y los cambios en las tribus. No menos problemático es el hecho de que la mayoría de las tribus habían alcanzado un nivel de desarrollo tecnológico y civilizacional similar, con estilos de vida y culturas parecidos entre sí, lo que hace que incluso la diferenciación arqueológica sea mucho más difícil que en algunos otros casos.

Representación moderna de una pareja de vándalos.
Fuente: https://commons.wikimedia.org

Uno de los mejores ejemplos de esto son las tradiciones fúnebres. Los primeros vándalos utilizaban principalmente la cremación; sin embargo, toda la cultura Przeworsk también la utilizaba, lo que dificultaba la distinción de las tribus que constituían este grupo. Otros ejemplos notables son el uso del hierro y la cerámica, los cuales se producían en gran variedad, así como el uso de la tecnología de pozos, que permitió a los vándalos vivir más lejos de los ríos. Sin embargo, estos aspectos también se aplicaban a muchas otras tribus y grupos étnicos, tanto en la cultura Przeworsk como en toda Europa central y septentrional. Hay una ligera distinción que separa a los vándalos de la mayoría de las otras tribus germánicas. Sus guerreros eran normalmente enterrados con sus ropas y equipamiento de guerra, entre los cuales se encontraban espuelas. Esto sugiere que, a diferencia de la mayoría de los otros pueblos germánicos, los vándalos usaban la caballería como una parte importante al momento de hacer la guerra. Dicho esto, otras tribus no germánicas también eran conocidas por su caballería, por ejemplo, los sármatas nómadas en el este, así como algunas tribus celtas en el oeste. Así que, en esencia, saber eso no ayuda mucho a determinar la historia vándala más antigua.

Sin embargo, las cosas empiezan a ponerse un poco más claras en el siglo II d. C. Durante ese siglo, la gran tribu vándala se dividió en dos partes. El primer grupo se conoció como los vándalos silingos, que permanecieron a orillas del río Óder en lo que hoy es Silesia. Algunos historiadores han llegado a relacionar el nombre de esta región con el de los silingos, aunque esta idea no ha sido ampliamente aceptada. El otro grupo, conocido como los vándalos asdingos, se trasladó al sur hacia las fronteras del Imperio romano en el Danubio. Este movimiento fue parte de la gran migración germánica hacia el sur, que creó una severa presión en las fronteras norteñas de Roma, conocidas como limes por los antiguos romanos. Por eso, las fuentes romanas hablan más a menudo sobre los vándalos, dándonos un poco más de información sobre su historia. Alrededor del año 170 d. C., los asdingos, bajo el gobierno de los reyes Rao y Rapto, se convirtieron en aliados de Roma, y se les permitió establecerse en la provincia de Dacia, lo que se aproxima a la actual Rumania. En ese período, ellos fueron utilizados por los romanos para luchar contra la tribu de los marcomanos y sus aliados, los cuados y los yacigios, todos situados en la frontera del Danubio. Pero parece que no fueron tan útiles como los romanos esperaban, ya que pronto se fueron de sus tierras. De acuerdo con evidencias arqueológicas, parece que decidieron asentarse en el valle del río Tisza, que se encuentra en el actual este de Hungría y el norte de Serbia.

Después de eso, los romanos siguieron utilizando a los vándalos asdingos en sus esquemas políticos y diplomáticos para aliviar la presión de sus propias fronteras, incitándolos a luchar contra otras tribus a su alrededor. Algunas historias posteriores, sobre todo de los historiadores góticos, nos hablan de un reino vándalo en ese período, pero los historiadores modernos las rechazan, calificándolas de obras de ficción. Dado que esas historias hablan de grandes victorias de los godos sobre ese supuesto reino vándalo, se suele considerar como mera propaganda histórica escrita varios siglos después cuando las hostilidades reales entre las dos tribus germánicas estaban en llamas. Además, no hay signos arqueológicos de coherencia política de ese tipo en el valle del Tisza. Otra prueba de esto es el hecho de que los vándalos no representaban una amenaza seria para la frontera romana. Solo se notaron dos o tres incursiones menores en el siglo III, que resultaron en derrotas vándalas. Esta es la razón por la que las fuentes romanas solo nos dan información esporádica y limitada sobre los asdingos. Es posible que hayan participado en alguna invasión importante liderada por otras tribus, pero el hecho es que los propios romanos los veían como una tribu de menor importancia que, por ejemplo, los godos o los marcomanos. Los vándalos no eran vistos ni como enemigos feroces ni como aliados útiles.

Esto siguió siendo cierto a lo largo del siglo IV, ya que los vándalos aún no recibían mucha más atención en las historias. A principios del siglo, de acuerdo con las cuestionables fuentes góticas, los asdingos se enfrentaron una vez más a los godos, que vivían al este de los vándalos. Fuentes nos dan una historia de su derrota. A pesar de la falta de fiabilidad de las fuentes, hay una buena posibilidad de que haya algo de verdad en este relato, ya que alrededor de 330 algunos de los asdingos se asentaron en la provincia romana de Panonia, justo al oeste del río Danubio. Esto podría ser visto como un signo de que huían de los godos, que en ese momento eran enemigos de los romanos. Esta vez, los asdingos permanecieron como parte del mundo romano por varias décadas, permitiéndoles asimilar partes de la cultura romana. Por supuesto, este intercambio cultural había estado ocurriendo desde que llegaron a las fronteras romanas, pero ahora esto se intensificaba. Se desconoce el alcance exacto de esta romanización, pero los arqueólogos han descubierto que, con el tiempo, más y más productos romanos eran enterrados en las tumbas vándalas. Los vándalos todavía continuaron viviendo principalmente como agricultores en pequeñas aldeas circulares, y continuaron a ser famosos por sus habilidades de equitación, así como por la fabricación de armas. Pero la parte más importante de este intercambio cultural fue el hecho de que durante el siglo IV los vándalos aceptaron el cristianismo.

Normalmente, esto haría a los vándalos una parte más integral del mundo romano, pero el problema fue que aceptaron la corriente arriana del cristianismo, que fue considerada como herejía por el Concilio Cristiano Ecuménico de Nicea en 325. Debido a esto, los vándalos aún eran vistos como herejes en los ojos de la mayoría de los emperadores romanos. En cuanto a los vándalos silingos, que permanecieron en Silesia, más lejos de los romanos, no tenemos ningún relato escrito. Sin embargo, parece que su forma de vida permaneció casi inalterada desde la división de los vándalos. Pero el mundo a su alrededor comenzó a cambiar rápidamente en la última mitad del siglo. En ese momento, los ahora famosos hunos comenzaron a aparecer en las estepas de las costas norteñas del Mar Negro. A medida que se desplazaban hacia Europa oriental, comenzaron a atacar y a alejar a otras tribus que se encontraban en esa región, quienes a su vez comenzaron a presionar una vez más las fronteras romanas. Debido a esto, el ejército romano necesitaba más tropas, por lo que el imperio comenzó a reclutar a sus súbditos "bárbaros", entre ellos los vándalos.

En ese momento, los soldados vándalos se hicieron muy valorados por sus habilidades de equitación, lo que permitió a algunos de ellos progresar bastante alto en la jerarquía militar romana. El mejor ejemplo de esto fue Estilicón, que tenía el más alto rango militar romano de *magister militum* y que hoy es conocido como uno de los últimos grandes generales romanos. Era mitad vándalo, nacido de un oficial de caballería vándalo y una mujer romana provinciana. Estuvo a cargo de la defensa de las partes occidentales del imperio y luchó en guerras en Gran Bretaña, África, los Balcanes e Italia desde el 382 hasta el 408 d. C. En un momento dado, fue incluso un regente del emperador romano occidental menor de edad, Honorio. Sin embargo, debe notarse que Estilicón se veía a sí mismo primero como un ciudadano de Roma y luego como un vándalo. Por otro lado, no todos los vándalos asdingos lucharon por el imperio. Algunos de ellos formaban parte de las fuerzas góticas, que comenzaron a rebelarse contra el imperio en las últimas décadas del siglo IV. Aunque no podemos estar seguros, existe la posibilidad de que en algunas batallas los soldados vándalos lucharon entre sí, lo que es un claro indicador de lo caóticos que fueron estos tiempos en Europa.

A principios del siglo V, esa agitación empeoró. Los hunos se acercaban aún más, impulsando a más y más tribus germánicas a huir hacia el oeste, hacia las fronteras romanas. Buscaron refugio dentro de este otrora glorioso imperio, pero no se les pudo permitir entrar a todos. Y aquellos a los que se les permitía eran normalmente maltratados por las autoridades locales que los veían como bárbaros incivilizados en comparación con su cultura y educación romanas, a pesar de que Roma, en todos los aspectos, era una mera sombra de su antigua gloria. Bajo tal presión, con los hunos a un lado y los romanos al otro, muchas tribus se pusieron inquietas, rebelándose, atacando y saqueando el imperio. Las más notables fueron los visigodos, o los godos occidentales, ya que la tribu gótica se había dividido en dos grupos distintos a finales del siglo IV. Incluso crearon un estado semindependiente en los Balcanes. Los godos orientales, o los ostrogodos, se convirtieron en parte del reino huno. Los vándalos también sintieron la misma presión que estas otras tribus. Comenzaron a temer por su sobrevivencia, sintiéndose principalmente amenazados por los hunos, pero también debido al desorden del propio imperio. Así, en los primeros años del siglo V, comenzaron una vez más su migración, esta vez hacia el oeste, hacia la provincia romana de la Galia, ubicada en la actual Francia.

Capítulo 2 – Del Danubio a África

Al comienzo del siglo V, el caos comenzó a extenderse por toda Europa. El Imperio romano se estaba desmoronando, dividiéndose finalmente en los Imperios romanos de Oriente y Occidente en 395 debido a la presión de las tribus bárbaras. Muchas de esas tribus se estaban moviendo, huyendo de los hunos, o buscando más fortunas y mejores saqueos en el Imperio romano. Pero ninguna de estas tribus se desplazó más lejos que los vándalos, quienes iniciaron su migración desde la llanura panónica, que está a orillas de los ríos Tisza y Danubio, y atravesaron Europa occidental antes de asentarse finalmente en el norte de África. Lo que es aún más fascinante es que esta colosal jornada se desarrolló en menos de tres décadas.

La expedición vándala comenzó a principios del siglo V cuando se trasladaron por primera vez al medio y alto Danubio, atacando la provincia romana de Recia, que habría abarcado el actual este de Suiza, partes del sur de Alemania y el este de Austria, en el año 401. Fueron liderados por el rey Godegisilio, cuyos primeros años de vida siguen siendo un misterio. Durante algunos años, los vándalos asdingos permanecieron en un solo lugar, lo que les permitió forjar una alianza poco firme con los suevos germánicos, que eran formados por las tribus de los marcomanos y de los cuados, y por los alanos iraníes, que se alejaron de la estepa póntica debido a la presión de los hunos. Juntos, se desplazaron hacia el río Rin, que era la frontera oriental de la provincia romana de Galia, situada en la actual Francia. En su camino hacia allí, los vándalos silingos se les unieron también, haciendo de la coalición vándala un peligro más prominente para Galia. Sin embargo, el *limes* romano estaba bastante indefenso en ese momento, ya que Estilicón había reunido tropas provenientes de este lugar para defender a Italia de dos invasiones góticas durante 402 y 405. La única defensa de esta provincia fueron los francos, otra tribu germánica, a los que se les permitió establecerse en Galia como sus aliados o *foederati*, termino usado por los romanos para referirse a ellos. En los últimos días de diciembre del 406, los vándalos decidieron cruzar el Rin y entrar en las desprotegidas tierras romanas.

En el pasado, los historiadores atribuyeron este atrevido ataque no solo al débil estado de las defensas romanas en Galia, sino también al hecho de que el Rin se congeló, facilitando el cruce. Sin embargo, los historiadores modernos han comenzado a dudar de esto, ya que no se mencionó en ninguna fuente antigua; en realidad, fue mencionado por primera vez por el historiador británico Edward Gibbon en el siglo XVIII. Lo que se sabe es que el ejército franco resistió, logrando matar a miles de vándalos e incluso a su rey, Godegisilio. Según algunas fuentes, los francos les tendieron una emboscada, y la derrota total de los vándalos solo se evitó porque los alanos vinieron a ayudarles. Una vez que esta primera y única línea de defensa fue rota, los aliados comenzaron a arrasar Galia. Sin embargo, no hubo una respuesta adecuada del gobierno imperial romano a esta amenaza. Para ellos, el mayor problema era una rebelión y la usurpación de la corona por un general romano llamado Constantino en Bretaña. En la conciencia política e ideológica de los romanos, eso representaba una amenaza más peligrosa que algunos bárbaros saqueando Galia. Así, mientras los vándalos continuaban acosando a la población local, los propios romanos se enfrentaron en esa misma provincia en otra guerra civil. Como tal, los vándalos permanecieron en la periferia del mundo romano, dejándolos fuera del foco de sus registros, que son, de hecho, bastante ricos y abundantes. Debido a eso, hay pocos relatos detallados sobre lo que los vándalos y sus aliados hicieron realmente en esos años.

A partir de esas fuentes contemporáneas, los historiadores han llegado a la conclusión de que la coalición vándala estaba contenida en las regiones del norte de Galia, saqueando las ciudades y el campo. Parece que el usurpador Constantino, quien se trasladó de Bretaña hacia el sur de Galia, logró contenerlos un poco; incluso se habla de pequeñas batallas y escaramuzas, así como de algunas negociaciones. Pero Constantino siguió centrándose en la lucha contra los partidarios del emperador romano Honorio. Con ese objetivo en mente, Constantino invadió la península ibérica, que en ese momento todavía era fiel a Honorio, creando allí una fortaleza para él. Sin embargo, sus fuerzas rebeldes comenzaron a desmoronarse a principios de 409, cuando Constantino fue traicionado por el comandante de Hispania. En medio de tal caos, los vándalos comenzaron a moverse hacia el sur, ahora quemando y saqueando también en el sur de Francia. En este punto, toda la provincia de Galia se sumió en el caos y la destrucción mientras varias fuerzas diferentes vagaban por ella. Incluso es posible que los vándalos se hayan trasladado al sur, en parte porque esa región tenía una gran demanda de tropas debido a su prolongada y complicada guerra civil. Sin embargo, los vándalos y sus aliados bajo el rey Gunderico, hijo y sucesor de Godegisilio, no se quedaron mucho tiempo en el sur de Galia. En el otoño del 409, cruzaron las montañas de los Pirineos hacia las provincias romanas de Hispania.

Una vez allí, los vándalos se dieron cuenta de que la península ibérica estaba en gran parte desprotegida, lo que los llevó a comenzar de nuevo el saqueo y el pillaje de los ciudadanos romanos. Continuaron haciéndolo durante aproximadamente dos años más, ya que el gobierno central del Imperio romano de Occidente también tuvo que hacer frente a una invasión gótica de Italia, la cual culminó en 410 con el saqueo gótico de Roma. La destrucción de las provincias hispanas se vio agravada por la hambruna y la peste, haciendo que la vida en esas partes del Imperio romano fuera totalmente insoportable. Sin embargo, este caos pronto se calmó cuando Roma comenzó a recuperarse. Los visigodos dejaron Italia y fueron a Galia donde pronto se convirtieron en aliados del emperador romano de Occidente, Honorio. Y el nuevo *magister militum*, Constancio, los usó para finalmente poner a toda Galia bajo el dominio imperial, enfrentando una rebelión en las partes norteñas de la provincia. Esta demostración de fuerza intimidó a los vándalos y a sus aliados. Así, dejaron de saquear y solicitaron la permisión de establecerse en Hispania pacíficamente. Hacia el año 412, habían dividido la mayor parte de la península ibérica entre ellos. Los vándalos asdingos y los suevos se establecieron en el noroeste de la península, en la provincia de Gallaecia, que era la región más pobre de Hispania. Los vándalos silingos se quedaron con la Hispania Bética en el sur, la actual Andalucía, mientras que los alanos se establecieron en la Lusitania, que ahora sería Portugal y partes del oeste de España, así como en la Hispania Cartaginense, la cual estaba situada en el sureste de España en la costa del Mediterráneo. Las regiones del norte y el noreste de la península ibérica permanecieron en manos de los romanos, al menos en teoría.

Esta división de la península ibérica es también indicativa de cómo había cambiado la dinámica entre los propios aliados. A los vándalos asdingos, una vez líderes de esta coalición de tribus, se les había dado las peores tierras para establecerse, ya que eran menos fértiles y estratégicamente menos importantes que otras. Además, tenían que compartirlas con los suevos. Los vándalos silingos recibieron tierras en el fértil sur de España. Pero fueron los alanos quienes obtuvieron las más grandes, fértiles e importantes partes de la península ibérica. Esto sugiere que, en los seis años desde el cruce del Rin, los asdingos perdieron su liderazgo, y los alanos se convirtieron en la columna vertebral del poder de la coalición. Esto se corrobora por el hecho de que esta división de tierras se hizo entre las propias tribus, mientras que el gobierno central solo la aceptaba como un hecho. Sin embargo, resultó ser esencial para la sobrevivencia de los vándalos asdingos. En los varios años posteriores a la división de Hispania, hubo una relativa paz y prosperidad en estas tierras. Pero en el año 415, los visigodos cruzaron los Pirineos, expulsados de Galia por la fuerza y la presión económica. En ese momento, estaban desorganizados, y otras tribus a su alrededor los acosaban y humillaban. Sin embargo, hacia 417, lograron recomponerse y una vez más se convirtieron en aliados de Roma. Y en un año, cumplieron con sus deberes de aliados atacando a otros invasores de Hispania.

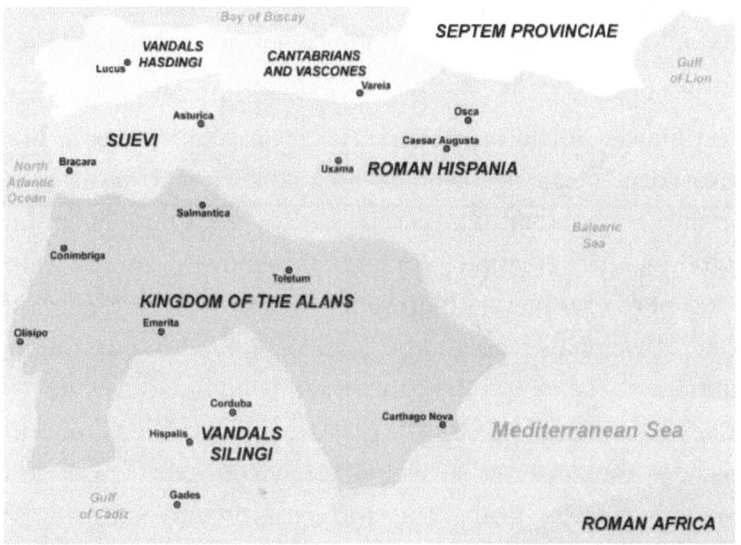

División bárbara de la península ibérica. Fuente: https://commons.wikimedia.org

Alimentados por la venganza, los visigodos fueron despiadados. Masacraron tanto a los alanos como a los vándalos silingos, que eran vistos como las mayores amenazas al dominio imperial romano. Los asdingos y los suevos fueron salvados de esto, en parte por su insignificancia, así como por la poca importancia de las tierras que habitaban. Y según las fuentes contemporáneas, lo que quedaba de los alanos huyó en busca de los asdingos, mientras que los silingos fueron, según se informa, todos asesinados. Este último es probablemente una exageración, ya que es mucho más probable que también huyeran y buscaran a los asdingos. Esto revitalizó a los vándalos asdingos, convirtiéndolos una vez más en una fuerza a tener en cuenta, y Gunderico se convirtió en el rey tanto de los vándalos como de los alanos, un título que la mayoría de los gobernantes vándalos posteriores también utilizaron. Esto impulsó al gobierno del Imperio romano de Occidente a aliarse con los suevos para luchar contra ellos, ya que temían que el ahora poderoso grupo apoyara a uno de los usurpadores imperiales que se refugió con los asdingos varios años antes. En el 419 d. C., los vándalos fueron derrotados y el usurpador capturado, pero este triunfo romano se convirtió en una victoria pírrica. Los vándalos se vieron obligados a abandonar Gallaecia, lo que impulsó a Gunderico a llevar a su pueblo al sur, a las tierras más prósperas de Bética.

Los vándalos volvieron entonces a ser un problema para Roma, ya que estas ricas tierras les ayudaron a establecerse como una facción importante en la península ibérica. En el 422, el gobierno imperial lanzó un ataque conjunto romano, visigodo y suevo contra los vándalos, pero esas fuerzas fueron derrotadas. Esta inesperada victoria ayudó a los vándalos a asegurarse como una facción importante en el Mediterráneo, así como los gobernantes indiscutibles del sur de España. Incluso fueron reforzados por los visigodos sobrevivientes y los soldados romanos que se les unieron después de la derrota. Como tal, no solo fue la primera victoria importante conocida de los vándalos, sino que también fue el primer paso en su consolidación de poder. Casi inmediatamente después de esta victoria, los vándalos comenzaron a saquear y conquistar otras ciudades de Hispania. Después de conquistar Carthago Spartaria, la actual Cartagena en el sudeste de España, obtuvieron el control de las rutas marítimas en el Mediterráneo occidental y también el acceso a algún poder naval. Esto les permitió saquear las Islas Baleares y la Mauritania Tingitana, la cual era una provincia romana en el norte de Marruecos. Algunos historiadores incluso sugieren que, a través de estos ataques, los vándalos también lograron asegurar su posición en Mauritania Cesariense, aunque esto es muy discutido.

A pesar de estas victorias, en 428, los vándalos perdieron a su rey en el exitoso asedio de Hispalis, que se encontraba en la actual Sevilla. Gunderico fue sucedido por su medio hermano Genserico, que probablemente era hijo ilegítimo de Godegisilio por parte de una sirviente romana. Ese hecho podría haber perturbado la transición del poder, pero como no hubo reacción por parte de los otros vándalos, parece probable que Genserico ya tenía suficiente autoridad para permanecer en el trono sin ser cuestionado. Esto es incluso más probable con la retrospectiva de un historiador, ya que Genserico es a menudo visto como el gobernante germánico más exitoso y hábil del siglo V. Así, con una fuerte base en el sur y sureste de España, una flota decente y un líder de talento poco común, los vándalos estaban en una posición perfecta para finalizar su migración desde el frío norte de Europa hacia el cálido norte de África.

Desde la perspectiva actual, este último paso parece lógico, si no inevitable. Sin embargo, lo más probable es que no fuera la visión de los romanos o de los vándalos. Con su serie de victorias durante los años 420, su posición en la península ibérica era indiscutible, y la región de Bética era rica y abundante, ya que también era un centro de comercio y una gran productora de cereales. No había ningún incentivo real para que Genserico llevara a sus hombres más al sur, especialmente si se tiene en cuenta que, además de la riqueza de sus propias tierras, podía saquear gran parte del Mediterráneo occidental con poca o ninguna resistencia o repercusión.

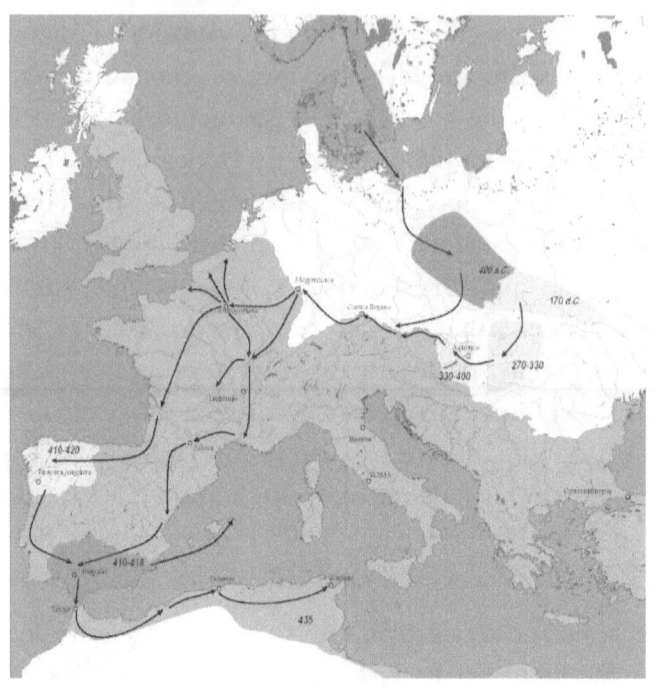

Migraciones de los vándalos. Fuente: https://commons.wikimedia.org

Teniendo esto en cuenta, es probable que la travesía de los vándalos hacia el norte de África sorprendiera a muchos, ya que fue, como mínimo, una gran apuesta por parte del ambicioso Genserico. Perdió todas sus ganancias de casi una década de guerra para intentar ganar el control de Cartago, que era la ciudad más vital del Imperio romano de occidente. Según algunas fuentes posteriores, los vándalos fueron en realidad invitados a cruzar el mar Mediterráneo por Bonifacio, que era un general romano a cargo de las provincias africanas. Estas fuentes afirman que, debido a algunas intrigas en Italia, Bonifacio se preparaba para disputar el dominio imperial. Incluso luchó contra un ejército del gobierno central en el año 427. Como tal, una alianza con los vándalos tenía sentido, ya que eran una fuerza a tener en cuenta en ese momento. Este escenario sigue siendo una posibilidad, pero los historiadores modernos no han encontrado ninguna evidencia contemporánea para respaldar o refutar esto. En consecuencia, algunos permanecen escépticos ante esta afirmación, argumentando que es mucho más probable que un rey talentoso como Genserico simplemente viera una oportunidad de ganar mejores y más ricas tierras. El hecho es que el norte de África, especialmente la región alrededor de Cartago era la más rica del Mediterráneo occidental, aunque también estaba prácticamente indefensa. Y tanto los generales locales como el gobierno imperial de Italia estaban más preocupados por luchar entre ellos; tratar con los llamados bárbaros era de importancia secundaria.

Al final, la cuestión de los verdaderos motivos de las acciones de Genserico no es tan importante. Lo que es imperativo es el hecho de que, en el año 429, toda la fuerza vándala cruzó el estrecho de Gibraltar hacia Mauritania Tingitana. Algunas fuentes posteriores nos dan un recuento de unos 80.000 vándalos, incluyendo a sus seguidores alanos y visigodos que habían ganado en años anteriores. Este número incluye tanto su fuerza de combate como las familias de los soldados. Sin embargo, algunos historiadores modernos dudan en aceptarlo. Sus estimaciones son mucho más bajas, siendo de aproximadamente 20.000 personas. Sin embargo, parece que su fuerza de combate tenía al menos 10.000 soldados experimentados, convirtiéndolos en un enemigo feroz, ya que los ejércitos de la época rara vez sumaban más que esto. Debido a estas cifras, muchos historiadores han asumido que la travesía de los vándalos a África se hizo con una enorme flota en el curso de varios días. Una de las razones de esto fue el hecho de que su presencia en Mauritania se estableció varios años antes; por lo tanto, su llegada y establecimiento sería prácticamente incuestionable. Teniendo eso en cuenta, también es probable que para los vándalos este movimiento no fuera un problema logístico. Sin embargo, después de que el cruce se hizo, no había manera de volver.

Los vándalos abandonaron sus posesiones en España, y desde Mauritania, su ejército se dirigió hacia el este, hacia el objetivo final de Genserico, la ciudad de Cartago. Con eso, su larga jornada desde las orillas del Danubio hasta las costas del norte de África estaba en su etapa final. Algunos ven este viaje como una combinación de una gran suerte y circunstancias favorables, otros como un duro y bien merecido logro, y algunos como una mezcla de ambos. Sin embargo, no importa cómo lo veamos, su jornada fue nada menos que increíble.

Capítulo 3 – Ascenso del Reino Vándalo

La travesía de los vándalos por el mar Mediterráneo se considera hoy en día como un punto de inflexión en la historia. Fue la primera verdadera invasión bárbara de las provincias romanas en África, una fundación del Imperio romano de Occidente y una región que había permanecido intacta durante siglos. Eran, en cierto modo, una cuerda de salvamento de Roma. Y con la invasión de los vándalos, esa cuerda de salvamento fue cortada, esencialmente "matando" al Imperio romano de Occidente, que nunca se recuperó de esa pérdida.

El golpe mortal comenzó en el Marruecos actual, donde el ejército vándalo desembarcó primero. Pero Genserico inmediatamente comenzó a moverse hacia el este, hacia Cartago, que estaba en lo que hoy es Túnez. Desde el principio, demostró la furia despiadada de los ataques vándalos, el saqueo y la matanza mientras se desplazaba a lo largo de la costa norte de África. Muchos de los aristócratas y ciudadanos más ricos huyeron de África, sobre todo a Italia, especialmente porque temían la persecución religiosa. Aunque tanto los vándalos como los romanos eran cristianos, los primeros eran arrianos y tenían un gran desprecio por los cristianos nicenos, que habían sido la escuela de cristianismo formalmente aceptada en Roma desde el 325. Ese resentimiento fue causado en parte por la persecución romana de los arrianos como herejes en sus territorios, que fue alimentada por los pensamientos y las obras de San Agustín de Hipona, un romano de África y uno de los primeros teólogos y filósofos cristianos. Por lo tanto, el ataque de los vándalos también mostró un signo de ser una guerra religiosa, aunque ciertamente fue solo un subproducto de su ataque, no su objetivo final. Los romanos, por supuesto, trataron de detener su avance a través de Numidia, que cubría la actual costa de Argelia. Su ejército era dirigido por Bonifacio, quien había logrado arreglar sus relaciones con el gobierno imperial, ya que ambos temían la invasión vándala.

Bonifacio intentó negociar con Genserico, pero esos esfuerzos fueron inútiles. Luego desafió a los vándalos a una batalla abierta la cual los romanos perdieron. Eso obligó a Bonifacio a huir y atrincherarse en Hipona, que era una ciudad fuertemente fortificada cerca de la frontera moderna de Argelia y Túnez, y el centro religioso más importante del África romana. Genserico la sitió durante catorce largos meses, pero no logró capturarla. Sin embargo, durante el asedio, San Agustín murió, probablemente de inanición, lo que probablemente fue un gran golpe para la moral romana. Los vándalos siguieron avanzando hacia el este, pero su infructuoso asedio a Hipona permitió a Bonifacio retirarse a Cartago y recuperar sus fuerzas. En ese momento, el Imperio romano de Occidente pidió a su imperio hermano, el Imperio romano de Oriente, apoyo en África. Y el Imperio oriental respondió a esa llamada, enviando un ejército para ayudar. Estas tropas se unieron al ejército reabastecido de Bonifacio, pero en 432, el ejército combinado de los Imperios romanos de occidente y oriente sufrió una derrota sustancial por parte de los vándalos. Y antes de esa victoria, Genserico también había logrado conquistar Hipona, que fue dejada indefensa. Roma no tuvo otra opción que negociar o, para ser más exactos, aceptar y reconocer la posesión de los vándalos de Hipona y de las tierras que la rodeaban. A cambio, los vándalos se convirtieron en foederati romanos. Este tratado de paz fue firmado en 435 después de un período de alto el fuego prolongado.

En ese momento, el emperador romano de occidente, Valentiniano III, probablemente pensó que esto satisfaría el apetito del rey vándalo. Sin embargo, Genserico tenía otros planes. Reestructuró su corte, expulsando a todos los que no eran arrianos. También expulsó a los obispos nicenos locales. Al mismo tiempo, descuidó sus deberes de aliado con Roma, ya que los piratas comenzaron a asolar el Mediterráneo occidental y no hizo nada para detenerlos. Algunos historiadores incluso sugieren que algunos de esos piratas eran los mismos vándalos y que su rey les dio permiso tácito para saquear otras provincias romanas. Hacia el año 439, Genserico se dio cuenta de que las circunstancias le permitían ahora continuar su conquista. En otoño de ese año, para sorpresa de todos los romanos, rompió el tratado y conquistó Cartago sin ningún problema. Fuentes contemporáneas nos hablan de una violenta y sangrienta ocupación de esta región, sin embargo, los arqueólogos no han encontrado muchas evidencias que lo prueben. Aunque la mayoría de los bienes fueron saqueados y algunas iglesias cedieron a los arrianos, parece que no hubo grandes destrucciones. Sin embargo, el pánico romano fue probablemente real. Perdieron sus joyas africanas y, lo que es más aterrador, los vándalos ganaron la mayor parte de la flota mercante africana y sus astilleros. Todo el sur de Italia estaba ahora abierto a una invasión.

Sitio arqueológico de la antigua ciudad de Cartago.
Fuente: https://commons.wikimedia.org

Como un rey capaz y ambicioso, Genserico reconoció también esa oportunidad e inmediatamente siguió adelante, atacando Sicilia en el año 440, pero fracasó en la conquista de Palermo, una ciudad bien fortificada en la costa norte de la isla. Eso llevó a Valentiniano III a retirar sus ejércitos de Galia, para que ordenara la fortificación de la costa del sur de Italia y pidiera a su contraparte oriental que ayudara con la amenaza vándala. El emperador romano de oriente, Teodosio II, volvió a reunir algunas tropas y las envió al oeste en 441. Sin embargo, el ejército del Imperio oriental pronto fue retirado, ya que Teodosio tuvo que luchar contra los persas en el este y contra los hunos en el norte. Como tal, tanto Valentiniano como Genserico se vieron obligados a resolver el asunto a través de la diplomacia. Sus negociaciones dieron como resultado un nuevo tratado de paz firmado en el año 442. Según este acuerdo, Roma reconoció el control vándalo de África Proconsular (una provincia romana de África), Numidia oriental, Bizacena y una tira costera de la Tripolitania occidental. Estas tierras estarían situadas en la actual Argelia oriental, la mayor parte de Túnez y una pequeña parte de la costa noroccidental de Libia. Más importante que eso fue el hecho de que Valentiniano III reconoció a los vándalos como un reino independiente, lo que significa que esos territorios ya no formaban parte del imperio.

Grabado del siglo XIX del rey Genserico. Fuente: https://commons.wikimedia.org

A cambio de ese reconocimiento, Genserico aceptó enviar a su hijo Hunerico a la corte imperial de Rávena como rehén y pagar un tributo anual. Para asegurar este trato, los dos gobernantes se pusieron de acuerdo en concertar los esponsales de Hunerico y Eudoxia, la hija de Valentiniano. Otro subproducto de este matrimonio fue un reajuste diplomático de los vándalos porque Hunerico ya estaba casado con una princesa visigoda. Así, después del 442, los vándalos hicieron de los visigodos sus enemigos, algo que no iba a ser olvidado fácilmente. Sin embargo, el tratado demostró ser suficiente para traer una paz un poco más duradera entre los romanos y los vándalos, ya que durante los próximos doce años más o menos no hubo signos claros de actividades vándalas significativas. Algunos textos hacen alusión a ellos atacando a los suevos en el antiguo territorio vándalo de Gallaecia, posiblemente para ayudar a las campañas imperiales en la península ibérica. Sin embargo, los historiadores no están seguros de que el ataque fuera realmente llevado a cabo por los vándalos. Pero la reciente tranquilidad no hizo que el mundo mediterráneo tuviera menos miedo de los vándalos. Muchos textos de esta época muestran el temor explícito e implícito de posibles ataques vándalos a Italia. Pero este temor se extendió hasta Alejandría en Egipto y la isla de Rodas, que todavía eran algo seguras como partes del más fuerte Imperio romano de oriente.

La base de este terror fue ante todo la marina vándala, la cual Genserico usó para demostrar su potencia diplomática. A pesar de la amenaza real que él representaba, no era nada comparado con el terror de los hunos, que bajo Atila llegaron a la llanura panónica, el antiguo hogar de los vándalos. Desde allí, saquearon y presionaron las fronteras norte de los Imperios romanos oriental y occidental. Y lo hicieron con la ayuda de muchas otras tribus bárbaras sometidas, más notablemente los ostrogodos, que eran la otra gran tribu gótica. Comparado con eso, los vándalos como casi-aliados no eran tan aterradores. Así, una vez más, los vándalos permanecieron en el segundo plano de la historia. Pero la amenaza huna fue destruida con la muerte de Atila el Huno en 453, pero sus invasiones a Galia e Italia habían mostrado una vez más lo débil que era el Imperio occidental. Y bajo tan tremenda presión extranjera, las luchas internas en la corte imperial de Rávena entre el emperador Valentiniano III y su *magister militum* Aecio debilitaron aún más el imperio. Valentiniano mandó asesinar a Aecio, ya que empezó a representar una amenaza para el trono, pero en un año, el emperador también fue asesinado. Le sucedió en el trono Petronio Máximo, un rico senador que se casó con la viuda de Valentiniano y casó a su propio hijo con la hija menor del antiguo emperador.

Esto frustró los planes dinásticos de Genserico y las esperanzas de su hijo Hunerico. El rey vándalo se dio cuenta de que tenía que actuar y rápidamente. En ese punto crucial, decidió abandonar su anterior estrategia de acercamiento diplomático respaldado con una espada. En vez de eso, eligió cumplir sus amenazas, y en el año 455, finalmente atacó, siendo su objetivo principal la propia ciudad de Roma. Algunas fuentes mencionan que su acción fue impulsada por una carta de la viuda de Valentiniano pidiendo ayuda a Genserico contra su nuevo marido tirano. Sin embargo, los historiadores modernos son como muchos escépticos con respecto a este relato tradicional del evento. En cualquier caso, a finales de la primavera de ese año, las tropas del reino vándalo se pararon frente a las puertas de Roma. El nuevo emperador trató de huir, pero fue asesinado en el proceso por sus propios subordinados. La defensa de la ciudad estaba en manos del papa León I, que trató de negociar con Genserico. El éxito de estas conversaciones es cuestionable, pero es posible que haya logrado persuadir al rey vándalo para que respetara los derechos del santuario. Sin embargo, una quincena de saqueos y pillajes cayó sobre una Roma desprotegida.

Representación del siglo XIX del saqueo de Roma en 455.
Fuente: https://commons.wikimedia.org

Hoy en día, el saqueo de Roma por parte de los vándalos suele representarse como una destrucción sin sentido y una masacre total con poca consideración hacia la cultura, lo que hace que sea la raíz del término vandalismo. Sin embargo, esto está lejos de la verdad; más bien es una leyenda propagada siglos después para embellecer la caída del otrora gran imperio. La verdad es que no hubo una devastación sin sentido de Roma, sino un saqueo bien organizado, que fue direccionado especialmente a los valiosos monumentos y tesoros culturales. Esto se hizo tanto para ganar riqueza como para demostrar su poder y humillar a Roma. Sin embargo, estas riquezas materiales no fueron las ganancias más importantes de los vándalos. Fueron los numerosos rehenes aristocráticos, entre los cuales se encontraban la viuda de Valentiniano y dos hijas. Genserico los usó más tarde como punto de presión diplomática con ambos Imperios romanos. Dicho esto, es importante señalar que el saqueo de Roma por parte de los vándalos no fue el primero ni el último. Y en realidad, no fue mucho peor, o al menos no más sangriento, que cualquier otro saqueo bárbaro de cualquier otra ciudad. Toda la mala reputación que los vándalos recibieron como resultado de este evento se debió más a la propaganda histórica que a la realidad. Y debido a que tanto enfoque estaba en la fe de la ciudad de Roma, los eventos posteriores son a menudo pasados por alto, ya que Genserico no se detuvo allí. Continuó incursionando en el Mediterráneo central, principalmente en el sur de Italia y el litoral adriático, que eran los más cercanos a su reino. El reino vándalo también ocupó Sicilia, Cerdeña, Córcega y las Islas Baleares, así como algunas partes estratégicamente importantes del norte de África que antes estaban en manos de los romanos.

Este prolongado conflicto fue llamado en su momento "la cuarta guerra púnica", en alusión a las antiguas guerras entre Roma y Cartago. Y durante varios años, ni el Imperio romano de oriente ni el de occidente tuvieron una respuesta digna de mención a la amenaza vándala, haciendo que el temor a las incursiones vándalas fuera aún mayor. Estaban tan desamparados que en ese momento comenzaron a correr rumores de que Marciano, el emperador del Imperio romano Oriental, era un aliado de los vándalos o que tenía un acuerdo personal con Genserico para no hacerle la guerra. Ese trato fue supuestamente alcanzado cuando Marciano tuvo que negociar su liberación del cautiverio vándalo en el que cayó durante la fallida campaña romana contra los vándalos en el año 430. Por supuesto, hay poca verdad en estas afirmaciones, ya que la razón más probable de la inactividad del Imperio oriental se debió a la inestabilidad política interna.

Sin embargo, en el año 457, nuevos gobernantes aparecieron en ambas mitades del Imperio romano: Mayoriano en el oeste y León I en el este. Esto trajo un cambio en las relaciones entre los romanos y los vándalos. Mayoriano logró fortalecer los lazos imperiales con los visigodos en Galia y España, lo que le dio suficiente poder y confianza para intentar un ataque al reino vándalo. Durante un par de años, él se había jactado abiertamente de planear tal hazaña, así que cuando en el año 460 finalmente envió sus tropas a África, Genserico estaba listo. Las fuentes no son claras sobre lo que pasó exactamente, pero una vez más, el rey vándalo demostró ser el general más capaz. La flota romana fue destruida, y Mayoriano huyó de vuelta a Italia donde poco después fue depuesto del trono.

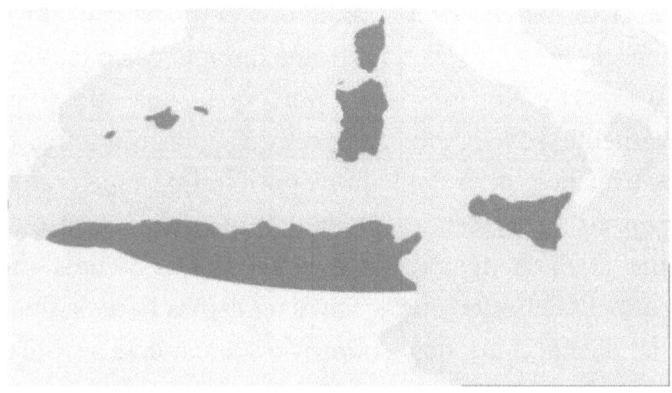

El reino vándalo después de 455. Fuente: https://commons.wikimedia.org

Esta victoria vándala impulsó una vez más a los Imperios romanos de oriente y occidente a intentar tratar con Genserico a través de la diplomacia. Hubo algún éxito, ya que los vándalos devolvieron algunos de los rehenes y Hunerico se casó oficialmente con Eudoxia, la hija de Valentiniano. A través de esta unión, Genserico continuó sus esfuerzos para involucrarse más en la política imperial del Imperio romano de Occidente. Al mismo tiempo, los vándalos continuaron sus incursiones a través del Mediterráneo central. A mediados de la década de 460, la situación cambió. Los dos Imperios romanos desarrollaron lazos más estrechos, empujando a Genserico hacia fuera de la política imperial en Italia. Como respuesta, dirigió su enfoque diplomático a los posibles enemigos de la corte occidental, hablando con los visigodos en España y con un general romano descontento en Galia. La amenaza vándala eventualmente se volvió demasiado irritable para el emperador León, quien en 468 organizó un ataque masivo al reino vándalo. Una flota se encargó de recuperar Cerdeña y Sicilia, y la otra fue enviada directamente al norte de África; otro ejército también fue enviado desde Egipto a pie hacia la actual Túnez. El número exacto de los ejércitos romanos sigue siendo un misterio, pero algunas estimativas oscilan entre 50.000 y 100.000. Por un momento, pareció que el fin del reino vándalo estaba cerca.

Cerdeña y Sicilia cayeron con bastante facilidad. Las tropas romanas de Egipto tomaron la ciudad de Trípoli en la actual Libia y continuaron su marcha hacia Cartago, mientras la gran flota romana estuvo anclada frente a la costa africana durante cinco días cerca de la capital vándala. No se sabe por qué esta flota no atacó inmediatamente; hay algunos rumores de soborno o intrigas políticas entre los romanos, pero también es posible que esperaran a que las tropas egipcias se acercaran. Cualquiera que fuera la razón real, esa espera fue la caída de toda la operación. Los vientos cambiaron, permitiendo a Genserico enviar naves en llamas hacia la flota romana lo que la diezmó. Lo que sobrevivió de la flotilla romana huyó inmediatamente, causando que el ejército romano de Egipto se retirara a Trípoli.

Los romanos pronto perdieron todas sus ganancias territoriales. El ejército de Trípoli fue retirado en un par de años cuando las provincias balcánicas del Imperio oriental estaban siendo atacadas. Y a principios de la década de 470, Sicilia y Cerdeña fueron reconquistadas por los vándalos. En ese momento, la autoridad vándala sobre el Mediterráneo había sido recuperada cuando una vez más comenzaron a hacer incursiones. Pero lo más importante es que esta derrota lanzó al Imperio romano de Occidente a una larga guerra civil y vació el tesoro del Imperio romano de Oriente. Una vez más, ambos imperios buscaron apaciguar a los vándalos a través de la diplomacia.

Sin embargo, a principios de la década de 470, el mundo mediterráneo comenzó a cambiar rápidamente. El Imperio romano Occidental se estaba desintegrando lentamente a causa de una guerra civil y de una invasión extranjera. Debido a eso, Genserico rápidamente perdió interés en Italia como un teatro político, dándose cuenta de lo poco que representaba el título imperial occidental. Esto solo se confirmó cuando el Imperio romano de occidente cayó finalmente en 476 ante un general bárbaro llamado Odoacro, quien creó el reino de Italia.

Durante este año, Genserico se concentró en consolidar su control sobre sus tierras de ultramar. Aceptó devolver Sicilia a Odoacro a cambio de un tributo anual, ya que probablemente se dio cuenta de que su control sobre ella se estaba desvaneciendo. Al mismo tiempo, probablemente debido a su vejez, el rey vándalo comenzó a negociar con el Imperio romano Oriental en lugar de continuar su política bélica. Esto resultó en un tratado de paz perpetua entre el Imperio romano de oriente y el reino vándalo. Se firmó el mismo año en que cayó el Imperio occidental, y fue el primer tratado en el que el Imperio oriental, también conocido como Imperio bizantino, trató con los vándalos como un estado, estableciendo un acuerdo que duró más tiempo que sus firmantes. En él, el Imperio bizantino reconocía el control de los vándalos sobre sus territorios en el norte de África y las islas del Mediterráneo occidental. A cambio, Genserico detuvo las incursiones vándalas, devolvió los rehenes que quedaban y prometió permitir a los cristianos nicenos practicar su religión en el reino vándalo.

Con ese tratado, Genserico y los vándalos alcanzaron su cénit. Logró transformarlos de una tribu pequeña y bastante irrelevante a un reino reconocido y respetado en un período de aproximadamente cincuenta años. Además, el viejo rey vándalo también aseguró la paz para su estado después de décadas de continuas guerras. Debido a estos logros y a su largo reinado, Genserico es considerado probablemente como uno de los gobernantes más exitosos y capaces del siglo V. Desafortunadamente para los vándalos, no pudo liderarlos para siempre, y a principios del año 477, falleció por causas naturales. Su muerte marcó el fin de una era y el comienzo de la caída de los vándalos, ya que ninguno de sus sucesores fue tan talentoso como él.

Capítulo 4 – Caída de los Vándalos

Con la fuerza que los vándalos exhibían y las habilidades diplomáticas de Genserico, sus contemporáneos probablemente asumieron que el nuevo reino norteafricano iba a durar mucho tiempo. Incluso para ellos, era evidente que una gran parte del éxito de los vándalos se debía a las capacidades de su rey, ya que parecía haber dejado su reino en una posición fuerte y sobre bases estables. Sin embargo, esos fueron tiempos de grandes cambios y turbulencias. Y la política y los poderes siempre cambiantes hicieron que esos cimientos fueran más frágiles si no se los cuidaba. Era algo de lo que Genserico era muy capaz, aunque sus sucesores carecerían de esta habilidad.

Como estadista experimentado, Genserico sabía que después de su muerte habría una gran posibilidad de que sus herederos se disputaran el trono. Por eso aprobó una ley que establecía que el miembro más antiguo de la casa real debía sucederle. En ese momento, ese miembro era su hijo mayor, Hunerico, que ya tenía más de 50 años. Gracias a la autoridad de Genserico, esta transición se llevó a cabo sin mucha conmoción. Pero bastante rápido, se hizo evidente que Hunerico no estaba ni siquiera cerca de poseer las habilidades de su padre. Su postura era más débil, menos agresiva y era también menos reactivo. Hunerico confiaba únicamente en la diplomacia, sin ninguna amenaza militar que la respaldara, para ayudarle a lograr sus objetivos. Esto se debió en parte a que simplemente carecía del espíritu belicista de su padre, pero también a que las tribus moras comenzaron a presionar en las fronteras del sur del reino vándalo en África. Estas nuevas amenazas surgieron porque solo la autoridad y la hábil diplomacia de Genserico las mantenía a raya. Por supuesto, no todas las tribus eran hostiles hacia los vándalos, ya que Hunerico siguió amigable con muchas de ellas. Pero al final de su reinado, la región de las montañas de Aurés en el actual este de Argelia se liberó del dominio vándalo.

Moneda de Hunerico. Fuente: https://commons.wikimedia.org

El gobierno de Hunerico fue también una época de cambios en la política interna. Como parte de sus acuerdos con el Imperio bizantino, la incursión vándala en el Mediterráneo se detuvo, y Hunerico dejó de perseguir brevemente a los cristianos nicenos, a pesar de ser un arriano ferviente. Incluso restituyó las propiedades tomadas de los comerciantes romanos en Cartago. Por un tiempo, parecía que la posición de la población romano-africana local estaba mejorando, promulgando una sociedad más unida en el reino vándalo. Sin embargo, más tarde durante su reinado, Hunerico comenzó una vez más a oprimir a los cristianos nicenos, desterrándolos, confiscando propiedades de la iglesia, e incluso ejecutando a algunos de los miembros más notables. Esto mantuvo viva la división social dentro del estado vándalo y aumentó el resentimiento de la población no-vándala. En 484, Hunerico murió, y fue sucedido por su sobrino Guntamundo. Al igual que anteriormente, el cambio de trono se hizo sin muchos problemas, ya que Hunerico era impopular tanto entre la población romana local como entre los vándalos, habiendo matado a muchos miembros asdingos de su familia para evitar que trataran de usurpar su trono. El nuevo rey rápidamente alivió la presión sobre los cristianos nicenos, disminuyendo el malestar en el reino. Esto no solo trajo algo de paz, sino que también ayudó a estabilizar la economía, la cual estaba en crisis después del gobierno de Hunerico. Y como los principales enemigos de los vándalos estaban preocupados con otras guerras, el reinado de Guntamundo fue pacífico y algo exitoso. Pero desafortunadamente para los vándalos, se interrumpió en el 496 cuando Guntamundo murió en sus 40 años.

Moneda de Trasamundo. Fuente: https://commons.wikimedia.org

Trasamundo, el hermano menor de Guntamundo, se convirtió en el nuevo rey de los vándalos. Su reinado marcó otro cambio tanto en la diplomacia vándala como en el mundo mediterráneo en general. Más notablemente, el reino de Odoacro había caído en 493 ante los ostrogodos, que eran liderados por Teodorico el Grande. Como tal, los ostrogodos se convirtieron en una nueva potencia en la región, y su rey trabajó para lograr la hegemonía sobre todos los reinos germánicos del oeste. Durante el comienzo de su reinado, obligó a los vándalos a dejar de invadir Italia. Luego, en el año 500, una unión diplomática a través del matrimonio fue acordada. Trasamundo se casó con la hermana de Teodorico, Amalafrida, y recibió como dote la punta más al oeste de Sicilia. La nueva reina vándala llegó con unos 5.000 guardias armados, por lo que algunos historiadores llegaron a pensar que era una muestra de fuerza y un signo de la hegemonía ostrogoda sobre el debilitado reino vándalo. Sin embargo, recientemente se ha sugerido que esta unión entre los dos reinos germánicos era entre iguales, y las tropas debían ayudar a los vándalos, ya que tenían una vez más problemas con los moros. De cualquier manera, parece que Trasamundo se estaba alejando diplomáticamente del Imperio bizantino hacia el reino ostrogodo. Sin embargo, esta alianza resultó ser bastante endeble, ya que él no ayudó a su cuñado cuando los bizantinos atacaron el sur de Italia en 507. Y como Trasamundo continuó trabajando en sus propios intereses, la idea de que los vándalos estuvieran de alguna manera subordinados a los ostrogodos puede ser en gran parte descartada.

Sin embargo, la mayor amenaza para el decadente reino vándalo en ese momento eran los moros, una de las tribus indígenas seminómadas bereberes que vivían al sur del reino vándalo. Continuaron asaltando las fronteras y rebelándose en las regiones del sur del estado vándalo. Más notables fueron las luchas en la región de la Tripolitania, en la actual Libia, donde los moros consiguieron una importante victoria sobre la caballería vándala; más tarde, en 523, incluso saquearon Leptis Magna, una importante ciudad portuaria de esa región.

En la política interna, Trasamundo continuó con su postura más relajada hacia los cristianos nicenos. Mantuvo una presión constante sobre ellos de forma no violenta. Como un ávido cristiano arriano, el rey vándalo ayudó a organizar la iglesia arriana y se esforzó por persuadir a la población romana local para que se convirtiera al arrianismo. Incluso organizó y participó en un debate teológico público con eruditos nicenos, demostrando ser un orador bien educado y bastante capaz. Esta incruenta persecución ayudó a Trasamundo a mantener relaciones bastante amistosas con los bizantinos, a pesar de causar todavía muchas quejas entre sus súbditos romanos. Sin embargo, en el momento de su muerte en 523, la política interna de Trasamundo no había logrado cambiar significativamente el escenario religioso del reino vándalo. Le sucedió Hilderico, el hijo de Hunerico, quien ya estaba en sus 50 o 60 años.

Hilderico se convirtió en un gobernante muy impopular desde muy temprano, ya que no le interesaba la guerra debido a su avanzada edad, dejando la lucha a sus parientes más jóvenes. Aunque los vándalos no eran ni de cerca tan agresivos como en la época de Genserico, para la mayoría de ellos este era un comportamiento poco apropiado para un rey, especialmente con los problemas que los moros habían estado causando durante décadas. Aún peor fue el hecho de que, a diferencia de todos los demás reyes vándalos, Hilderico emitió un decreto de tolerancia hacia los cristianos nicenos en el año 523, poniendo fin a su persecución y antagonizando aún más a la mayoría de los vándalos arrianos. Este giro inusual en la política religiosa puede explicarse por el hecho de que la madre de Hilderico era Eudoxia, una princesa romana. Hilderico también cambió dramáticamente las relaciones exteriores. Debido a sus nuevas políticas hacia los cristianos nicenos, se acercó bastante al Imperio bizantino. Y algunas fuentes incluso afirman que el nuevo rey vándalo era amigo personal de Justiniano el Grande antes de que se convirtiera en el emperador bizantino en 527. Además, en el año 523, Hilderico encarceló a Amalafrida, la viuda de Trasamundo y la hermana de Teodorico, quién moriría más tarde em la cárcel. Escapó de la expedición punitiva de Teodorico por pura suerte, ya que el rey ostrogodo murió en 526.

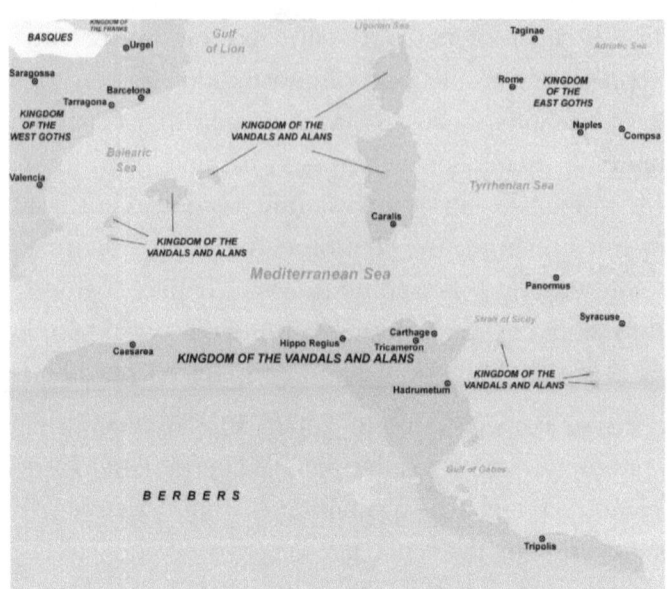

El reino vándalo alrededor del año 526 d. C.
Fuente: https://commons.wikimedia.org.

El punto extremo de la antagonización de Hilderico con sus súbditos vándalos fue su conversión al cristianismo niceno combinada con las derrotas militares de su sobrino a manos de los moros. Para la nobleza vándala, esto era demasiado, y en 530, se organizó un golpe de estado liderado por el primo de Hilderico, Gelimer, quién era de otra rama de la familia real asdinga. Hilderico, sus sobrinos y sus parientes más cercanos fueron encarcelados, y parece que Gelimer tenía un amplio apoyo de la población vándala. Sin embargo, el emperador bizantino inmediatamente comenzó a ejercer presión diplomática sobre Gelimer para restituir a Hilderico al trono. El nuevo rey vándalo se negó, incitando Justiniano a enviar otro emisario, exigiendo que Hilderico y su séquito fueran enviados a Constantinopla por seguridad. Gelimer se negó una vez más, probablemente calculando que las amenazas de Justiniano eran palabras vacías, ya que él ya estaba luchando contra los persas en el este. Esto, así como las anteriores campañas romanas desastrosas, disuadiría a Justiniano de realmente atacar. Pero Gelimer estaba equivocado. Justiniano estaba alimentado con un ardiente deseo de reconstruir el antiguo Imperio romano y demostrar que era digno como gobernante. Además, se vio obligado a retomar el norte de África por razones religiosas, principalmente para salvar a los cristianos nicenos locales de ser perseguidos una vez más. También es posible que sus estrechas relaciones con Hilderico fueran una motivación para él también.

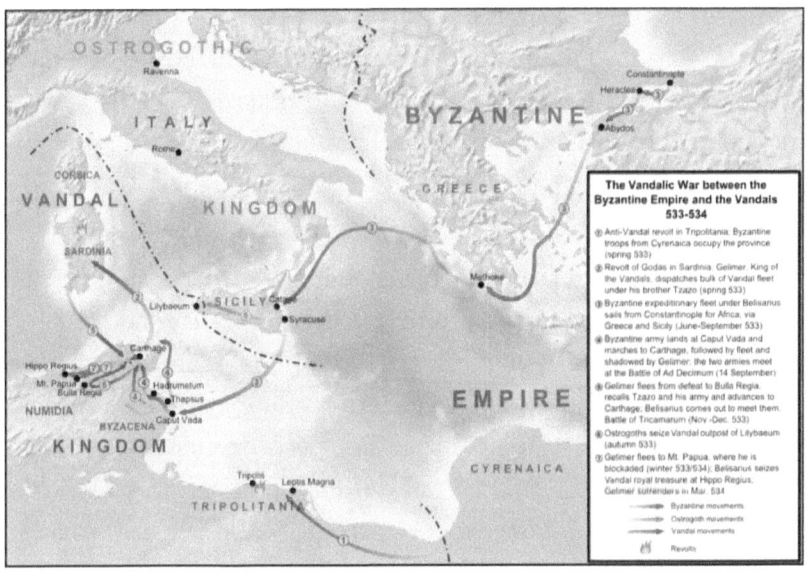

Mapa de la guerra vándala. Fuente: https://commons.wikimedia.org

Cualquiera que fuera el incentivo final, Justiniano terminó la guerra con Persia en 532 y comenzó a reunir tropas y recursos para un ataque. A mediados de 533, un ejército bizantino de 18.000 tropas bastante experimentadas, lideradas por el ahora famoso general Belisario, zarpó hacia el reino vándalo. Como si eso no fuera problema suficiente para Gelimer, dos rebeliones también estallaron en el estado vándalo. Una ocurrió en Tripolitania y fue liderada por la población local, la cual el rey vándalo eligió ignorar hasta que el Imperio bizantino ya no representara una amenaza. La otra fue en Cerdeña, donde un gobernador local trató de declarar la independencia y comenzó a negociar con los bizantinos. Parece que Gelimer carecía de información sobre el ejército bizantino entrante porque envió a su hermano, Tzazo, con el grueso de su armada y unos 5.000 soldados para sofocar la revuelta de Cerdeña. Belisario, por otra parte, tenía mejor información, que recogió de antiguos súbditos descontentos del reino vándalo que desertaron al Imperio bizantino. Por lo tanto, sabía que Gelimer dejó sus costas indefensas, no tenía un ejército listo, y se enfrentaba a problemas con la población local. Como un general experimentado, Belisario eligió desembarcar inmediatamente antes de que la armada vándala regresara. Los bizantinos desembarcaron en la costa oriental del actual Túnez, a unos 240 kilómetros (150 millas) al sur de Cartago e inmediatamente comenzaron a marchar hacia la ciudad.

Gelimer estaba en realidad lejos de su capital, lo que además implica que carecía de información sobre el ataque bizantino. Tan pronto como se enteró, ordenó a Amantas, otro de sus hermanos, que estaba en Cartago, que reuniera tropas de la ciudad y marchara hacia el sur para enfrentarse a los bizantinos. También ordenó la ejecución de Hilderico y su familia. Al mismo tiempo, el rey vándalo comenzó a seguir al ejército bizantino, pero decidió no atacarlo, ya que sus soldados más capaces estaban en Cerdeña. En cambio, optó por rodear a sus enemigos. El plan de Gelimer era hacer que Amantas los detuviera a 16 kilómetros (10 millas) al sur de Cartago en un lugar llamado Ad Decimum, donde luego dividiría sus tropas en dos, enviando a su sobrino a atacar por el flanco mientras que él atacaría por la retaguardia. Si el plan funcionaba, lo más probable es que fuera una victoria aplastante para los vándalos. Pero ese no fue el caso. Amantas llegó demasiado tarde y fue atacado y asesinado antes de que pudiera organizar sus tropas. Y la vanguardia bizantina atrapó y diezmó el ejército vándalo que lo flanqueaba. Sin embargo, eso no detuvo a Gelimer, ya que atacó por la retaguardia. Él logró una victoria sorprendente, derrotando a las fuerzas bizantinas, las cuales eran más numerosas. Pero encontró a su hermano muerto, y en lugar de dar continuidad a su victoria inicial, se detuvo para enterrarlo. Eso le dio tiempo a Belisario para reorganizarse y contraatacar, salvándose de una derrota devastadora. Gelimer fue expulsado, y el ejército bizantino entró en la indefensa Cartago.

Moneda de Gelimer. Fuente: https://commons.wikimedia.org

El rey vándalo reunió y reorganizó su ejército en las regiones orientales del estado vándalo. Retiró a Tzazo de Cerdeña y juntó todas las fuerzas que pudo, reuniendo incluso algunas tropas moras poco confiables. Con un ejército renovado, marchó hacia Cartago y realizó un asedio, cortando los acueductos y asaltando los suministros. Su intención probablemente no era tomar la ciudad sino obligar a Belisario a salir y encontrarse con él en la batalla. También intentó crear problemas en la propia Cartago, enviando agentes para persuadir tanto a la población local como a los soldados arrianos del ejército bizantino para que se unieran a la causa vándala. Eso resultó ser ineficaz, y en diciembre de 533, los dos ejércitos se enfrentaron una vez más cuando Belisario marchó hacia el campamento vándalo en Tricamerón, a 32 kilómetros (20 millas) al oeste de Cartago. Allí, los vándalos demostraron su temple, logrando separar al ejército bizantino. Pero durante la batalla, Tzazo fue matado, lo que quebrantó el deseo de luchar del rey vándalo. Al final, fue derrotado y forzado a retirarse hacia Mons Papua en las tierras altas de Numidia. Gelimer fue asediado allí, muriendo lentamente de hambre a lo largo del invierno. Estando este último detenido, Belisario rápidamente se hizo cargo de las regiones restantes del reino vándalo, incluyendo las islas. Reunió a los vándalos restantes, prometiéndoles un trato justo. Además, el tesoro de Gelimer fue capturado, lo que significaba que el rey vándalo no tenía forma de reunir nuevas tropas.

Hacia marzo de 534, Gelimer finalmente decidió rendirse ante Belisario. En ese momento, era una mera sombra de quién había sido, un hombre quebrado, hambriento y desesperado que había perdido todas sus riquezas y su familia. Con eso, el reino vándalo finalmente cayó, y el norte de África una vez más se convirtió en parte del Imperio romano. En el verano de ese año, Belisario envió unos 2.000 soldados vándalos y Gelimer a Constantinopla, donde fueron exhibidos en un desfile para la celebración triunfal de la victoria bizantina. Justiniano entonces perdonó a Gelimer, exiliándolo a una propiedad en Galacia, localizada en la actual Turquía. Los soldados vándalos restantes, tanto de Constantinopla como de África, fueron enviados a la frontera oriental para luchar contra los persas como hábiles soldados de caballería. Algunos de ellos permanecieron en el norte de África mientras que otros volvieron a España, donde quedaba una pequeña comunidad vándala. Pero poco a poco fueron asimilándose en otras sociedades y naciones, y poco después de su derrota final, los vándalos perdieron su identidad étnica. Ellos y su reino desaparecieron de la escena histórica, dejando solo un débil recuerdo de su antigua gloria.

Capítulo 5 – Sociedad Vándala

En los tiempos modernos, cuando la gente piensa en las tribus bárbaras de la Antigüedad Tardía y la Alta Edad Media, a menudo transcriben nuestras propias ideas contemporáneas de cómo se define la sociedad y la identidad étnica. Eso haría fácil asumir que los vándalos eran un grupo homogéneo de personas que vivían en una sociedad tribal simple con el mismo idioma y los mismos ancestros. Sin embargo, esa suposición es demasiado simplificada y, en su mayor parte, errónea. Para poder comprender plenamente el pasado de los vándalos, hay que empezar por entender su identidad étnica y su estructura social.

La pregunta de quiénes eran los vándalos siempre comienza con su etnia. El error más común que la gente comete con esta pregunta es asumir que las antiguas nacionalidades eran tan rígidas y definidas como lo son hoy en día. Pero no lo eran. Por ejemplo, alrededor del siglo I d. C., antes de que comenzaran las grandes migraciones, los vándalos y los godos estaban bastante cerca unos de otros; de hecho, eran casi indistinguibles. Hablaban dos dialectos del mismo idioma en lugar de dos idiomas diferentes. Su apariencia física, sus culturas y sus religiones eran similares. Si por casualidad un miembro de la tribu vándala se mudara a los godos, no tendría problemas para encajar en el nuevo grupo. Además, las identidades de estos grupos solían estar vinculadas a la familia gobernante de la tribu, lo que significaba que uno se identificaba como un súbdito de un rey vándalo y no como un vándalo étnico. Por eso los historiadores, hasta cierto punto, tienen problemas para identificar y separar las primeras sociedades tribales de Europa Central y de Europa Septentrional. Por supuesto, estas etnias comenzaron a consolidarse con el paso del tiempo, especialmente cuando comenzaron las migraciones y las tribus empezaron a encontrar cada vez más grupos diferentes.

Las cosas se complican un poco más en situaciones en las que varias tribus diferentes se mueven juntas bajo un mismo gobernante. Podemos ver que los alanos, que antes eran una tribu separada, siguieron a los reyes vándalos durante tanto tiempo que los historiadores contemporáneos simplemente los contaron como parte de los vándalos, lo que significa que perdieron su identidad única, lo que puede ser verdad hasta cierto punto. Y por el siglo V, cuando los vándalos bajo Genserico cruzaron a África y establecieron su propio reino, todo el ejército fue visto como los vándalos, a pesar de consistir en godos, alanos, suevos y posiblemente otros bárbaros también. De cierta manera, esto era cierto, ya que se presentaban a sí mismos ante los romanos como los vándalos. Esta unidad étnica fue especialmente enfatizada en el año 442 cuando Genserico asignó a todos sus seguidores guerreros tierras hereditarias a través de las cuales podían sostenerse económicamente mientras luchaban en su ejército. En esa época, ser vándalo significaba que uno formaba parte de la aristocracia militar del reino vándalo, el cual vivía en las llamadas granjas vándalas, sin importar sus raíces. Estas personas se hacían llamar vándalos ante los miembros de otros grupos sociales o étnicos. Aun así, es posible que cuando estos vándalos interactuaban entre sí, reconocieran sus propias raíces diferentes. Sin embargo, no hay indicios de que esta diferenciación interna afectara en modo alguno a la unidad étnica o a la organización social de los vándalos en general.

Esto, no obstante, no significa que otros factores, además de la propiedad de una granja vándala, no los uniera en un único grupo étnico. También estaba la religión, ya que habían adoptado el arrianismo en su camino hacia el norte de África, y el idioma. Todos ellos hablaban dialectos de la misma lengua germánica oriental, y con el tiempo, esos dialectos se volvieron casi indistinguibles. Sin embargo, no se sabe mucho sobre el lenguaje vándalo en sí, aparte de su estrecha relación con el lenguaje gótico. Vale la pena señalar que es probable que la mayoría de los vándalos eran más que proficientes en latín. Pero el lenguaje, así como la religión, separaba claramente a los vándalos de la población local romana y mora. Sin embargo, aquí no es donde las diferencias étnicas terminan. También había una masculinidad distintiva presente en la identidad de los vándalos, y esta se restringía en gran medida a los miembros masculinos adultos de la aristocracia militar. Este fue probablemente el caso del grupo vándalo que se trasladó del Danubio al norte de África era más una banda de guerra errante que un pueblo migrante, aunque algunos de los guerreros trajeron a sus familias con ellos. Debido a esa restricción masculina a la identidad vándala, hay una cuestión abierta sobre el estatus que las mujeres y los niños tenían en su sociedad.

Por un lado, los historiadores están seguros de que las mujeres y los niños formaban parte, hasta cierto punto, de la sociedad vándala, pero debido a la limitada exposición en las fuentes romanas de la época, los historiadores modernos no pueden determinar hasta qué punto podrían reivindicar la etnia vándala. Esta omisión de las mujeres podría explicarse en parte por el enfoque de las fuentes en asuntos políticos, militares y religiosos, que en ese momento eran casi exclusivamente campos masculinos, incluso en el Imperio romano. Además de eso, no hay menciones claras de que una mujer fuera un vándalo por derecho propio, sino que lo era solo por asociación. De esas fuentes, también vemos que las esposas e hijas de los vándalos podían, hasta cierto punto, transmitir algunos derechos étnicos a su marido e hijos, pero sus propias posiciones étnicas siguen sin estar claras. De este modo, la mayoría de los historiadores modernos tienden a caracterizar la identidad vándala como relacionada en su mayor parte con hombres adultos, mientras que las mujeres y los niños solo se reconocían parcialmente, aunque es posible que hubiera algunas excepciones aisladas a esa regla.

Además de los marcadores étnicos mencionados, hay uno más mencionado en las fuentes: su apariencia. Las fuentes bizantinas del siglo VI mencionan a los vándalos como altos, rubios y pálidos. Eso no los separaría mucho de otras tribus germánicas de Europa Septentrional, pero eran bastante diferentes de los africanos romanos locales que tenían piel y pelo más oscuros. Además de eso, las fuentes implican que el pelo largo, así como las barbas y los bigotes, eran comunes entre los vándalos. También se menciona la llamada ropa bárbara, que era distintivamente diferente del atuendo local. Pero no tenemos una descripción de ellas, así que solo podemos adivinar su aspecto. Es probable que tuvieran raíces en la ropa más tradicional de los norteños, como la piel y el cuero; sin embargo, esto sería mera especulación, ya que también podrían haber adoptado algunos aspectos de la ropa local de las antiguas élites romanas. Sea cual sea el caso, la ropa y el vello facial no son un claro indicador de la etnia de uno. Muchos africanos romanos que servían en la corte vándala o que trataban de acercarse a los círculos de élite del reino también llevaban "ropas bárbaras" y tenían el pelo más largo. También es posible que algunos de los vándalos eligieran afeitarse y usar otros atuendos para enfatizar su riqueza.

Y la mayoría de los vándalos eran bastante ricos, al menos desde la creación del reino vándalo. Sería fácil asumir que la mayoría de sus tesoros provenían del saqueo a través del Mediterráneo, especialmente durante el reinado de Genserico; sin embargo, ese no era el caso, aunque eso seguramente trajo algún ingreso extra. La verdadera fuente de su riqueza eran sus propias tierras y las propiedades vándalas. Los vándalos, como los aristócratas romanos antes que ellos, empleaban trabajadores y arrendatarios de tierras para trabajar sus campos, que comprendían principalmente trigo, aceitunas, higos y almendras, y luego típicamente vendían las cosechas a los comerciantes. Afortunadamente tanto para los vándalos como para la población romana local, el comercio no desapareció. Después de la caída de Roma, el comercio simplemente se desplazó hacia Constantinopla y el Imperio bizantino, así como hacia España, aunque en menor grado. La sobrevivencia del comercio y las producciones locales, tanto de alimentos como de productos manufacturados como jarrones, textiles, aceites, etc., significaba que el reino vándalo era bastante próspero. Por supuesto, la mayor parte de esa riqueza fue a parar a manos de los vándalos, que eran la clase elitista del estado, pero también se desbordó a la población local, que siguió viviendo tan decentemente como bajo el dominio romano, al menos en los aspectos económicos.

La llegada de los vándalos no significó que la población local dejara de pagar impuestos, pero también hubo cambios en ese sistema. Por ejemplo, no había más "tributo" anual sobre el trigo y otros alimentos utilizados para alimentar a la ciudad de Roma. Eso abrió nuevos excedentes para los comerciantes, aunque tuvieron que trabajar más duro para encontrar nuevos mercados. También se redujeron los impuestos para los gastos militares, ya que, a diferencia del ejército imperial, los propios vándalos eran el núcleo de la fuerza de combate que vivía en las granjas que les habían sido dadas. Eso ayudó a la recuperación de la economía poco después de la conquista de Genserico. Pero durante la mayor parte de su reinado, el reino vándalo no acuñó sus propias monedas. En esa época, su necesidad de monedas se satisfacía a través del comercio y el saqueo; por lo tanto, la principal moneda en uso era la de los Imperios romanos de occidente y de oriente. Ocasionalmente, acuñaban algunas monedas de plata y cobre para satisfacer las necesidades de uso local. Pero en las dos últimas décadas del siglo V, comenzaron a acuñar monedas de oro e incluso ampliaron la producción de monedas de plata. Estas seguían siendo en su mayoría de uso local y seguían las normas romanas/bizantinas en cuanto a pesos y denominación. Los vándalos incluso copiaron el estilo de las monedas romanas tanto en los textos como en los retratos de los gobernantes.

Sin embargo, mirando la economía del reino vándalo, está claro que a pesar de la riqueza del reino en general, que hizo ricos a la mayoría de los vándalos, los vándalos no se involucraban demasiado directamente en ella. Dejaban la producción y el comercio a los locales mientras cobraban sus cuotas. Su enfoque estaba en los asuntos militares. La única obligación de cada miembro de la sociedad vándala, es decir, los hombres adultos, era luchar por su rey. Y siguiendo su antigua tradición, la mayoría de ellos formaban parte de la caballería pesada. A menudo usaban armaduras laminares o de cota de malla y yelmos metálicos y luchaban con lanzas y espadas. Sus tropas montadas eran complementadas con cuerpos de infantería que usaban tanto espadas, lanzas y escudos como arcos y flechas. Además, hay algunos indicios de que, a diferencia de la mayoría de los ejércitos bárbaros, los vándalos comprendían al menos lo básico de la guerra de asedio, ya que tenían bastante éxito en los ataques a ciudades fortificadas a través del Mediterráneo. Por último, desde su llegada al norte de África, los vándalos también se convirtieron en marineros bastante hábiles, ya que su marina era una de las más fuertes de la región en ese momento. Por supuesto, no todos los vándalos eran necesariamente guerreros, al menos no principalmente.

Mosaico del siglo V representando a un jinete vándalo. Fuente: https://commons.wikimedia.org

En su minoría, ellos eran ante todo miembros de la corte real, que, en esencia, era el séquito del rey vándalo. Ayudaban a su rey a gobernar el estado, lo aconsejaban, recibían a los enviados extranjeros y viajaban a otras cortes en misiones diplomáticas. Como tal, la corte real no estaba en un lugar fijo, aunque la mayor parte del tiempo se encontraba en Cartago. Pero todos los reyes tenían propiedades reales más lejos de la capital donde también llevaban a cabo sus negocios, y la mayoría de la corte los seguía allí. También vale la pena señalar que un puesto en la corte real no se limitaba exclusivamente a los vándalos. Hubo algunos africanos romanos que lograron "penetrar" en los círculos más altos del reino vándalo. Y si miramos más lejos de la corte hacia las oficinas administrativas locales, vemos que los africanos romanos eran los que realmente se encargaban de ellas. Sin embargo, los puestos burocráticos de bajo rango no interesaban mucho a los vándalos; por ello, estaban más que dispuestos a dejarlos en manos de la población local, que estaba deseosa de cooperar a cambio de un avance en el estatus social. Estos trabajadores administrativos también eran pagados con los impuestos; por lo tanto, también había un incentivo económico.

La red burocrática se copió en su mayor parte de los romanos, así como la educación y las leyes. Hubo algunos cambios menores, por supuesto, pero los reyes vándalos generalmente sostenían la idea de que, si algo funcionaba, no requería cambios. Estaban más enfocados en mantenerse a sí mismos y a sus seguidores vándalos en el tope de la sociedad. Con eso como su objetivo final, Genserico y sus sucesores crearon la ideología del reinado, que se formó a partir de los sentimientos bárbaros vándalos y el sentido de dominio combinado con los ideales del poder imperial romano y los sistemas políticos y gubernamentales locales, condimentados con antiguas tradiciones púnicas y justificaciones religiosas arrianas. En este sistema, el rey vándalo poseía sus propias tierras reales que le proporcionaban ingresos extra, permitiendo a la familia real seguir siendo el centro del poder y la riqueza. Las decisiones del rey eran ley, y él podía tomar la mayor parte de la riqueza saqueada. Pero al mismo tiempo, era responsable del bienestar de sus seguidores vándalos inmediatos, así como del resto de sus súbditos. Él era el protector y difusor de la "verdadera religión" y la continuación de los antiguos reyes púnicos de Cartago. Y en última instancia, era el comandante militar supremo que conducía a sus hombres a la batalla, haciendo necesarias las victorias militares para ganarse el respeto.

De esta mezcla de ideologías, podemos ver un patrón que es cierto para toda la sociedad vándala. No es totalmente excluyente o limitante, aunque lo parezca a primera vista. La población romana local podía avanzar a pesar de no ser vándala o arriana, y cada vándalo arriano podía ser condenado al ostracismo si no estaba de acuerdo con el rey. Había una clara diferenciación entre los vándalos y los africanos romanos, pero también había un sentido de integración, todo bajo el fuerte gobierno de un rey. Esto podría explicarse simplemente a través de lo que la mayoría de los vándalos querían lograr: querían vivir y ser tratados como la élite o la aristocracia. Para ello, necesitaban amalgamar su sociedad con el resto de la población africana romana. Y al final, cuanto más tiempo vivían en el norte de África, más y más se entregaban al lujoso estilo de vida sinónimo de los tardíos aristócratas romanos en lugar de la vida de un guerrero bárbaro. Y gracias a la ley de sucesión de Genserico, la mayoría de los reyes que le siguieron eran bastante viejos y les faltaba el impulso militar de los gobernantes más jóvenes. Esta combinación se cita a menudo como la causa más importante de la caída del reino vándalo. A lo largo de las décadas, la sociedad bárbara vándala decayó de la misma manera que la sociedad romana, haciendo que se desmoronara por amenazas extranjeras.

Capítulo 6 – Religión, Cultura y los Vándalos

Cuando se piensa en los vándalos, o en cualquier otra tribu bárbara, a menudo la primera imagen que viene a la mente es la de un grupo de rudos sanguinarios vestidos de piel, bebiendo cerveza y comportándose de forma bastante grosera. Y gracias a su legado, es incluso más probable imaginarlos quemando un libro a una pintura para asar su carne. Sin embargo, esta insensibilidad a la cultura no era en realidad una característica típica de los vándalos. Era posible que esto fuera cierto para los vándalos del siglo I, aunque eso es incluso en aquel entonces muy poco probable. Pero después de que formaran su reino vándalo en el norte de África, fuentes arqueológicas nos cuentan una historia diferente del comportamiento y de los gustos vándalos.

A pesar de lo que la mayoría de la gente esperaría de una tribu con una reputación como la de los vándalos, su llegada al norte de África no marcó un apocalipsis cultural de la región. En realidad, el deterioro comenzó antes de su llegada, ya que había muchos indicios de que los teatros, los baños públicos y otras estructuras públicas se estaban desgastando o estaban totalmente abandonadas. La llegada de los vándalos, en el mejor de los casos, empeoró la situación de algunas de esas instituciones, ya que el caos y la agitación se extendieron por el territorio. Pero no hay señales claras de que ellos realmente se estaban enfocando en los centros culturales. Y más tarde, durante el gobierno de Genserico, según algunas evidencias, el gobierno reparó algunas de las estructuras públicas. De la misma forma, algunos de los baños y teatros privados fueron construidos a finales del siglo V, algo que no habría sido posible si los vándalos se opusieran a la vida cultural. Más pruebas para contrastar esto se han podido encontrar en las obras de la literatura de la época. Durante el gobierno de los vándalos, el norte de África se convirtió en un punto de encuentro en expansión de poetas y escritores, tanto que algunos historiadores modernos se refieren a este período como el renacimiento vándalo. Todos ellos escribían en latín y eran miembros de la sociedad africana romana local, lo que sugiere que la vida cultural bajo los vándalos no simplemente terminó, sino que evolucionó dinámicamente y se adaptó a sus nuevas circunstancias.

Muchos de los críticos de esa época lamentaban que la calidad de los poemas estaba lejos de los clásicos romanos más antiguos, pero si miramos otros trabajos hechos en otros países en ese momento, esto no es algo que se pueda sostener contra los poetas del reino vándalo. Pero la pregunta sigue siendo: ¿por qué tantos escritores africanos romanos surgieron en un estado bajo el supuestamente inculto gobierno bárbaro? La respuesta es simple: los propios vándalos disfrutaban de su trabajo. Algunos de ellos estaban más que dispuestos a apoyar financieramente a los poetas que a cambio escribían poemas para embellecer las acciones y cualidades de sus benefactores. Algunos fueron incluso redactados en honor de ciertos reyes vándalos en forma de panegírico, que es un poema publicado o un texto de alabanza a alguien. Sin embargo, estos se perdieron, como muchos otros trabajos durante este tiempo.

Esta actitud hacia los poemas es indicativa de toda la relación entre los vándalos y la cultura. Querían imitar el modo de vida de la élite romana; por lo tanto, estaban más que deseosos de continuar siendo mecenas de las artes tanto como lo fueron los antiguos aristócratas romanos. Por eso construyeron villas de estilo romano y las adornaron con mosaicos y otros ornamentos, también al estilo de los romanos. Esto también explica por qué no podemos hablar de la cultura vándala sino de su actitud hacia ella en este capítulo, ya que casi ninguno de los vándalos creó realmente obras de arte, al menos, hasta donde sabemos. Esto no es sorprendente, considerando que eran principalmente soldados. Pero en ningún sentido eran brutos sin cerebro, quienes daban poca importancia a los aspectos finos de la vida.

Mosaico de mediados del siglo V de Cartago representando la vida cotidiana de un miembro femenino de la aristocracia. Fuente: https://commons.wikimedia.org

Esto también es evidente por el hecho de que el sistema educativo en el estado vándalo seguía siendo muy funcional, solo igualado por los bizantinos y ostrogodos. De hecho, una vez más los vemos continuando las tradiciones romanas con estas escuelas, ofreciendo siete materias clásicas: gramática, dialéctica, retórica, geometría, aritmética, astronomía y música. También leían y aprendían de viejos escritores romanos como Virgilio, Ovidio y Lucano. Y muchas de las élites educadas, que también incluían a algunos de los reyes vándalos y la aristocracia, sostenían la opinión de que el conocimiento no debería ser simplemente almacenado por unos pocos, sino compartido y ampliado. Como tal, la educación y la alfabetización se consideraban un bien preciado en el reino vándalo. Estas habilidades eran útiles para las necesidades de la burocracia, así como para el comercio y otros negocios. Según algunas investigaciones, en una remota comunidad agrícola, la alfabetización básica alcanzaba un asombroso 15% de la población; esto habría sido definitivamente mayor en los centros urbanos. Si esto pudiera asumirse como la norma, probaría que el sistema educativo en el África vándala era impresionante comparado con otros países de la época. Otro signo de lo saludable que era este sistema es el hecho de que también produjo profesionales capacitados como abogados y médicos. Nos enteramos de ellos a través de historias y anécdotas escritas por poetas, pero también hubo algunas obras escritas sobre estos temas. Por supuesto, estas profesiones, como la educación y la cultura en general, eran una continuación de las tradiciones romanas anteriores.

Sin embargo, hay una distinción sustancial entre el arte creado en el norte de África durante el reinado de los vándalos y en otros lugares de la época. A diferencia de casi cualquier otro lugar de la región mediterránea y de Europa, los artistas que trabajaban en el reino vándalo creaban casi exclusivamente obras seculares, enfocándose más en asuntos profanos que en religiosos. Una vez más, esto se ve mejor en los poemas que se centran más en la caza, la vida cotidiana y las interacciones, y la vida de la corte en lugar de la celebración de Cristo y Dios. Esto no quiere decir que no haya habido algunos textos sobre temas religiosos; al final, hay varios sobre la persecución vándala de los cristianos nicenos, pero estos eran minoría. Este enfoque secular hacia la cultura no fue un nuevo invento de la élite gobernante vándala, ya que había signos de que esto ocurría en las décadas anteriores a su llegada. Sin embargo, cuando llegaron los vándalos, esta era una solución perfecta para una coexistencia pacífica activa entre los vándalos arrianos y los africanos romanos nicenos. Y a pesar de ser retratados como bárbaros viles y sin educación, fue su apreciación del arte, de la literatura clásica y del aprendizaje lo que proporcionó una base para crear relaciones seculares comunes entre las élites vándalas y africanas romanas.

Viendo que los vándalos no eran en realidad hombres salvajes poco sofisticados, al menos no al nivel que se les suele representar, la pregunta sigue siendo por qué se les representaba de esa manera. La respuesta es bastante simple. La mayoría de nuestras fuentes sobre ellos fueron escritas por escritores romanos o bizantinos o por africanos romanos locales. Los primeros fueron, la mayor parte del tiempo, enemigos abiertos de los vándalos, e hicieron lo mejor que pudieron para mostrarlos como viles y amenazantes para la sociedad. Esto es especialmente cierto en las historias sobre el saqueo de Roma en el 455, que durante siglos fue representado como el apogeo de la barbarie, pero que en realidad fue un saqueo realizado por personas que sabían que las obras de arte que se llevaron eran valiosas y apreciadas. Y estos últimos eran a menudo oprimidos por sus nuevos maestros arrianos y buscaban demonizar a los vándalos por ello. Y ese conflicto entre los invasores vándalos arrianos y los cristianos nicenos locales parece ser contradictorio con la anterior mención de la secularidad en la cultura del reino vándalo. Pero antes de que eso pueda ser explicado, las diferencias entre estas dos escuelas de cristianismo deben ser explicadas más claramente.

El tema principal en el que los cristianos nicenos y arrianos no están de acuerdo es la naturaleza de la Santísima Trinidad (Dios, Jesús y el Espíritu Santo). Para los cristianos nicenos, y como se practica más en las iglesias cristianas de hoy en día, estos tres son de la misma esencia y por lo tanto iguales. Por otro lado, los cristianos arrianos, llamados así debido al nombre del fundador de esta doctrina, Arrio, un sacerdote del siglo III de Alejandría, pensaban de otra manera. Para ellos, Jesús fue engendrado en un momento dado como hijo de Dios, lo que lo hace distintivo de Dios Padre. Por eso, Cristo está subordinado a Dios y por lo tanto no es su igual. Al mismo tiempo, el Espíritu Santo es solo una representación de Dios, del poder del Padre. Debido a ese rechazo de la doctrina cristiana convencional de la Santísima Trinidad, el arrianismo ha sido categorizado como una escuela no trinitaria del cristianismo. Los no trinitarios más notables de la actualidad son los Testigos de Jehová, a los que a menudo se les llama "arrianos modernos", y La Iglesia de Jesucristo de los Santos de los Últimos Días, más conocida como la Iglesia mormona. A primera vista, esta cuestión dogmática de la naturaleza de la Santísima Trinidad parece pequeña y bastante irrelevante, pero para los primeros cristianos era un debate importante cuyo resultado era una cuestión de salvación para los creyentes.

Y como el norte de África era uno de los centros teológicos más importantes del Imperio romano antes de la llegada de los vándalos, este asunto era bastante relevante para la población local, o al menos para sus obispos y líderes ecuménicos. Para los vándalos, la religión era de importancia secundaria, especialmente en los primeros años del reino vándalo. Los ataques de Genserico a las iglesias nicenas fueron guiados más por su codicia, ya que estas eran bastante ricas. Esto también fue un intento de cortar los lazos de los africanos romanos con el resto del mundo romano para que los vándalos pudieran imponer su dominio. Los motivos religiosos eran, en el mejor de los casos, de menor importancia, si es que existían. Algunos historiadores incluso argumentan que los vándalos se convirtieron y permanecieron arrianos solo para su propio beneficio, ya que, en la época de sus conversiones, algunos de los emperadores romanos eran arrianos ellos mismos. Esto podría ser atestiguado aún más por la amenaza de Genserico de perseguir a los cristianos nicenos como una herramienta de negociación, luego atenuando la opresión religiosa hacia ellos cuando asegurara su alianza con Valentiniano III. Más tarde, hubo algunos motivos religiosos para la persecución, más notablemente bajo el gobierno de Hunerico, pero estos podrían haber sido una vez más destinados a reunir más tierras y riquezas de la iglesia nicena, así como tratar de asegurar su gobierno cuando se estaba acercando a su fin.

Más tarde, Trasamundo volvió a presionar al clero niceno tratando de promover el arrianismo y formar una iglesia arriana más concreta y organizada. Sus motivos detrás de esto eran ciertamente religiosos hasta cierto punto, ya que honestamente sentía que era su deber difundir el cristianismo "correcto". Pero al mismo tiempo, Trasamundo también se guiaba por el pragmatismo. Buscó unificar el estado y la iglesia, emulando el modelo bizantino, algo que se inició durante el reinado de Genserico. Para los reyes vándalos, esto era imposible de lograr con los cristianos nicenos, ya que permanecerían leales a sus superiores religiosos en Roma y Constantinopla y, en extensión, a sus emperadores. La única manera para que los vándalos copiaran esta ideología imperial era unirse a la fe arriana, que seguía siendo cristianismo, pero no estaba ligada al Imperio romano. Viendo que este era el objetivo final, los reyes vándalos, especialmente Trasamundo, fueron bastante cuidadosos para no presionar a la población común. Más bien, sus principales objetivos eran partes del clero superior. Ellos hasta trataron de hacer el arrianismo atractivo en la medida de lo posible para los africanos romanos, especialmente para las élites.

Así, en general, la política religiosa vándala podría clasificarse como "tolerancia bruta". Este tipo de enfoque a las cuestiones religiosas se caracterizaba por períodos más largos de relativa paz que se entrelazaban con erupciones de opresión y violencia localizada y selectiva hacia la población nativa. Y uno de los elementos básicos de esta política era evitar el debate entre los dos grupos religiosos, ya que eso los antagonizaría aún más. Esto era especialmente cierto entre la gente común del reino vándalo; mientras que había algunos debates clericales entre religiosos, estos eran realizados para atraer al rebaño hacia una u otra iglesia.

Sin embargo, esta política religiosa muestra que, para los vándalos, la religión no era un asunto de interés primordial, al menos no en el ámbito del Estado. Solo se usaba y abusaba de ella cuando era necesario. Esto contrastaba fuertemente con la mayoría de sus contemporáneos, especialmente los romanos. Al final, parece que los vándalos no eran fanáticos religiosos, como muchos de los libros y fuentes de historia anteriores los representaban. Eran pragmáticos. Y cuando se combina con la imagen rectificada de su trato hacia el arte y la cultura, vemos que la mayoría de nuestros conceptos erróneos sobre ellos fueron creados a través de la propaganda histórica que nos fue dirigida. Los vándalos no se comportaban como bárbaros ingenuos y fanáticos paganos, sino más bien como hombres de negocios sin escrúpulos que harían cualquier cosa para ganar más dinero y poder, sin importar la moralidad de sus acciones, mientras que al mismo tiempo se representaban a sí mismos como una parte importante de los círculos de élite.

Conclusión

Mirando toda la historia de los vándalos, es dolorosamente obvio que esta tribu ha sufrido de una mala reputación durante siglos sin que nadie tratara de defender su honor. Una de las razones de esto es el hecho de que ellos mismos guardaron silencio sobre sus acciones, ya que nos dejaron sin ninguna fuente escrita de sus propias manos, al menos hasta ahora. Sin embargo, sus enemigos escribieron mucho sobre ellos, persuadiéndonos de que los vándalos eran malvados y merecían ser destruidos. Esto también los convirtió en el perfecto chivo expiatorio para la caída de Roma, que desde su desaparición ha sido romantizada como el pináculo de la civilización y la cultura. No obstante, cuando miramos a los vándalos a través de los ojos de la arqueología y en una perspectiva histórica más amplia, vemos claramente que esta no era la realidad. Esto, por supuesto, no significa que los vándalos eran completamente inocentes. Ellos sí saquearon, destruyeron, mataron y torturaron. Pero también lo hicieron casi todos los demás en ese momento, incluso los romanos. Los vándalos no eran ni peores ni mejores que los demás. Y sí, fueron una de las razones por las que el Imperio romano de Occidente cayó. Pero también lo fueron los godos, francos, hunos y otras tribus, así como los propios romanos con sus constantes guerras civiles y otros problemas internos.

Y en contraste con la propaganda de los romanos, los vándalos eran en realidad mecenas del arte. Apreciaban la cultura, especialmente la poesía. Esta relación entre los vándalos y el arte va en contra de la imagen misma de los vándalos, propagada por el término "vandalismo". No eran desfiguradores sin sentido de monumentos y obras de arte. Simplemente saqueaban objetos de valor, algo que los ejércitos conquistadores han hecho a lo largo de la historia. Incluso el término "vandalismo" fue acuñado más de un milenio después de la desaparición de los vándalos durante la Revolución Francesa. Fue creado por un obispo francés para describir la devastación de las obras de arte durante la revolución, solo fomentando la percepción de los vándalos como desdichados bárbaros con sed de destrucción. Y la idea de que los vándalos eran la antítesis de la vida civilizada es la más alejada de la verdad. De todas las tribus bárbaras que formaron nuevos estados en las ruinas del Imperio romano de Occidente, fueron los vándalos quienes aceptaron la mayoría de las costumbres, formas de vida y organización social romanas. Fueron los bárbaros más romanizados de todas estas tribus.

La historia de los vándalos nos enseña también una importante lección de vida. Cuando usted juzgue a los demás, no se guíe simplemente por la primera impresión o por lo que otros le digan de ellos. Eche una mirada más profunda y amplia, tenga en cuenta todas sus circunstancias y entornos, e intente averiguar sus motivaciones y objetivos. Y solo entonces forme su propia opinión, basada en hechos, no en rumores. Al no hacer esto, usted puede terminar viendo solo lo peor de algunos mientras ignora los defectos de otros, incluido los suyos propios.

Vea más libros escritos por Captivating History

Bibliografía

A. Merrills and R. Miles, *The Vandals*, Oxford, John Wiley & Sons, 2010.

A. Merrills, *Vandals, Romans and Berbers: Understanding Late Antique North Africa,* Aldershot, Ashgate Publishing, 2004.

A. Cameron, B. Ward-Perkins and M. Whitby, *The Cambridge Ancient History, Vol. XIV: Late Antiquity: Empire and Successors*, Cambridge, Cambridge University Press, 2008.

G. Mokhtar, *Ancient Civilizations of Africa 2*, Berkley, University of California Press, 1981.

G. Donini and G. B. Ford Jr. (translators), *Isidore of Seville's History of the Kings of the Goths, Vandals, and Suevi,* Leiden, E. J. Brill, 1966.

J. Moorhead (translator), *Victor of Vita: History of the Vandal Persecution,* Liverpool, Liverpool University Press 1992.

P. Mallory and D. Q. Adams, *Encyclopedia of Indo-European Culture,* London, Fitzroy Dearborn Publishers, 1997.

P. Bogucki and P. J. Crabtree, *Ancient Europe 8000 B.C.- A.D. 1000: Encyclopedia of the Barbarian World, Vol 1 and 2*, New York, Charles Scribner's Sons, 2004.

S. Mitchell, *A History of the Later Roman Empire, AD 284-641*, Oxford, John Wiley & Sons, 2015.

M. Todd, *The Early Germans*, Oxford, Blackwell Publishing, 2004.

R. Whelan, *Being Christian in Vandal Africa: The Politics of Orthodoxy in the Post-Imperial West*, Oakland, University of California Press, 2018.

C. Waldman and C. Mason, *Encyclopedia of European Peoples*, New York, Facts On File, Inc., 2006.

P. Wilcox and R. Treviño, *Barbarian Against Rome - Rome's Celtic, Germanic, Spanish and Gallic Enemies*, Oxford, Osprey Publishing Limited, 2000.

S. MacDowall and A. McBride, *Germanic Warrior 238-568 AD*, London, Reed international books, 1996.

P. Heather, *Empires and Barbarians: The Fall of Rome and the Birth of Europe*, Oxford, Oxford University Press, 2010.

H. B. Dewing (translator), *Procopius - History of the Wars, Book III and IV*, London, The Loeb classical library, 1916.

www.ingramcontent.com/pod-product-compliance
Lightning Source LLC
LaVergne TN
LVHW042000060526
838200LV00041B/1797